LA MORT

DE

LOUIS XIV

JOURNAL DES ANTHOINE

PUBLIÉ POUR LA PREMIÈRE FOIS

AVEC INTRODUCTION DE E. DRUMONT

et un Frontispice d'après Cochin

PARIS

A. QUANTIN, IMPRIMEUR-ÉDITEUR

7, RUE SAINT-BENOIT

1880

LA MORT

DE

LOUIS XIV

CETTE ÉDITION A ÉTÉ TIRÉE A 550 EXEMPLAIRES NUMÉROTÉS

savoir :

Nᵒˢ 1 à 50 sur papier de Chine.
51 à 550 sur papier de Hollande.

———

EXEMPLAIRE Nᵒ 

LA MORT DE LOUIS XIV

LA MORT

DE

LOUIS XIV

JOURNAL DES ANTHOINE

PUBLIÉ POUR LA PREMIÈRE FOIS

AVEC INTRODUCTION DE E. DRUMONT

et un Frontispice d'après Cochin

PARIS

A. QUANTIN, IMPRIMEUR-ÉDITEUR

7, RUE SAINT-BENOIT

1880

INTRODUCTION

Le 1er septembre 1715, à huit heures trois
quarts du matin, après quelques petits soupirs
et deux hoquets, Louis XIV s'éteignait dans
ce château de Versailles qu'il avait fait de ses
mains, comme dit Saint-Simon. La nouvelle,
pour attendue qu'elle fût, produisait encore
l'effet d'un coup de foudre sur cette cour qui,
pendant près de cinquante années, avait eu constamment le regard fixé sur ce tout-puissant,
qui avait réglé toutes ses pensées sur un signe de
ses yeux, qui avait considéré comme un événe-
ment la moindre de ses paroles et le plus insignifiant de ses gestes. Les plus avisés prépa-
raient déjà leur manège et orientaient leur poli-

tique. Beaucoup flottaient encore et ne savaient quel maître leur donnerait, durant la minorité de Louis XV, ce dernier papier qu'on avait vu, par la porte ouverte du cabinet, le roi écrire sur une petite table pendant que les princes et les grands officiers reconduisaient Notre-Seigneur ; ils ignoraient le contenu exact de ce codicille aux lettres serrées que le chancelier Voisin avait tiré d'une enveloppe non cachetée pour le montrer au duc d'Orléans. Ceux-là se contentaient d'interroger bruyamment et de courir raconter plus bruyamment encore ce qu'ils avaient appris à travers les salons, les antichambres, les escaliers. D'autres, se tenant à l'écart, allaient s'entretenir à voix basse dans le parc où le Neptune et les Tritons de bronze continuaient de verser leurs eaux écumantes dans le bassin de marbre troublé déjà par les premières feuilles tombées à l'automne. Ils regardaient la fenêtre close de cette chambre mortuaire où c'était un honneur insigne que d'entrer jadis à l'heure du petit lever, et dans cette matinée ils avaient la sensation vague que donnent certains couchers de soleil ; ils sentaient que ce qui disparaissait derrière l'horizon ce n'était pas un homme, mais un siècle qui s'était résumé dans le roi absolu qui venait d'expirer.

Pendant les vingt-trois jours de sa maladie, Louis XIV avait donné le plus grandiose spectacle qu'ait vu l'histoire. Le demi-dieu, qui jadis, au milieu des adulations unanimes, trônait sur un Olympe, s'était évanoui ; il était resté un vieillard auguste, mais très simple, accomplissant jusqu'au bout sa fonction de roi, un aïeul se confessant devant un enfant des glorieuses erreurs de sa vie, un chrétien déjà détaché de la terre et se recueillant longuement avant d'aller rendre compte au souverain juge de ses résolutions, qui si souvent avaient pesé sur les destinées du monde. Ce malade de soixante-dix-sept ans rongé par la gangrène avait eu un héroïsme qui est plus rare que le courage du champ de bataille : il avait pendant trois semaines envisagé la mort en face, mettant ordre aux moindres affaires avec un calme incomparable, adressant ses adieux aux plus humbles de ses serviteurs, prenant congé affectueusement de tous ceux qui avaient été les amis de sa jeunesse, prolongeant sa volonté au delà même de cette vie sans se faire d'illusion sur le respect qu'on aurait pour ses derniers ordres, réglant avec une sérénité sans égale les préparatifs de ce grand voyage, où il n'avait plus à dresser de liste d'invitations comme pour Marly et pour Fontainebleau. Pas un regret chez cet homme qui avait tout possédé et qui allait tout perdre, pas une minute de trouble, pas une de ces paroles où se trahit la faiblesse du mourant qui se cramponne à l'existence prête à lui échapper, comme Brienne nous en a révélé à la charge de Mazarin ; pas une de ces phrases non plus où l'on sent l'orgueil humain qui se raidit et veut en imposer encore à cette Humanité qu'il va quitter. Louis XIV, on peut le dire, est entré dans l'Éternité de ce pas majestueux et tranquille dont il traversait la galerie des Glaces devant tous les fronts inclinés.

Louis XIV était mort comme il avait vécu, en public, et cependant les particularités de cette fin n'ont pas été pendant bien longtemps contées au long. Le seul récit circonstancié qui ait été connu tout d'abord sur les derniers jours du Roi fut inséré dans le supplément du *Mer-*

cure du mois d'octobre 1715 par Lefebvre de Fontenay. Ce récit fut publié à part, la même année, sous ce titre : *Journal historique de tout ce qui s'est passé depuis les premiers jours de la maladie de Louis XIV jusqu'au jour de son service à Saint-Denis, avec la relation exacte de l'avènement de Louis XV à la couronne de France.* — A Paris chez D. Jollet et J. Lamesle; au bout du pont Saint-Michel, au Livre royal.

Saint-Simon, sur certains points, est très sobre de détails; quant au *Journal* de Dangeau, il s'arrête au 28 août et ne reprend qu'à la date du 1er septembre.

Quand MM. Eudore Soulié et L. Dussieux entreprirent la publication complète du *Journal* de Dangeau, leur collaborateur, M. Feuillet de Conches, se chargea de joindre au texte primitif du journal les additions de Saint-Simon, que porte l'exemplaire en 37 volumes in-folio confisqué en 1760 avec les autres papiers du duc. Ce manuscrit est ainsi désigné dans l'inventaire publié par M. Armand Baschet dans son remarquable ouvrage : *le Duc de Saint-Simon et son cabinet :* « n° 36. *Trente-*

sept volumes in-folio intitulés Mémoires de Dangeau, avec des notes et réflexions sur des feuilles blanches paraphées sur le premier et le dernier feuillet de chaque volume par les notaires soussignés ».

Cette copie, on le sait, a été faite sur le manuscrit original de Dangeau expressément pour le duc de Saint-Simon. Le texte de Dangeau occupe le verso; le recto a été laissé en blanc de façon que Saint-Simon eût la facilité de faire écrire sous sa dictée telle note, telle réflexion ou tels commentaires qu'il jugerait à propos. Le texte des additions lui-même est quelquefois raturé et surchargé. Les corrections en ce cas sont de M. Le Dran, chef du dépôt des Archives au ministère des affaires étrangères [1].

1. Outre la copie en 29 volumes qui a servi à MM. Eudore Soulié et L. Dussieux, pour leur publication du *Journal* de Dangeau et qu'ils ont offerte à la bibliothèque de Versailles et la copie en 37 volumes qui appartenait à Saint-Simon, il existe encore une copie en 60 volumes reliés aux armes de Mme de Pompadour à la bibliothèque de l'Arsenal, et une autre copie moins correcte à la Bibliothèque nationale. Les éditeurs du *Journal* de Dangeau signalent encore d'autres copies chez le duc de La Rochefoucauld, le duc de Mouchy et milord Spencer.

En 1817, Mme de Genlis avait publié des extraits de ce Journal

C'est dans une de ces additions au *Journal* de Dangeau que Saint-Simon raconte la mort de Louis XIV.

« Les Mémoires de Dangeau, écrit Saint-Simon, particularisent si bien les derniers jours du roi qu'il serait inutile d'y rien ajouter en ce genre que des omissions de courtisan ; on tâchera aussi de suppléer aux lacunes des trois derniers jours de la vie du roi qui méritent infiniment d'être regrettées, que le même esprit de politique a sans doute fait laisser, dont on ne se propose que d'expliquer les choses principales. »

Est-ce donc par politique, comme le suppose cette bonne âme de Saint-Simon, que Dangeau avait omis de parler des derniers jours de Louis XIV? Quelles raisons avaient pu décider le véridique et consciencieux annaliste à laisser un tel vide dans son œuvre? Telles étaient les questions que se posaient les excellents éditeurs du *Journal* complet de Dangeau.

en 4 volumes ; la même année, Mme de Sartory donnait encore 2 volumes d'extraits. Citons encore parmi les premiers éditeurs : Lemontey avec un seul volume en 1829, et MM. Paul Lacroix et Pichot avec 4 volumes en 1830.

Tout problème nettement posé est bien près d'être résolu.

Le marquis de Dangeau n'avait pas négligé de parler de cette mort; mais, frappé de la solennité d'un spectacle qui devait impressionner vivement un homme qui aimait réellement Louis XIV, il avait renoncé cette fois à la forme du journal pour écrire un mémoire à part, à dater du 25 août, sur la maladie et la mort du roi. C'est ce mémoire, que n'a jamais connu Saint-Simon, qui avait été communiqué à Lefebvre de Fontenay; celui-ci, obligé à une extrême prudence sur des événements si proches, n'en avait donné dans le *Mercure* et, plus tard, dans son opuscule, qu'un extrait mutilé et insignifiant.

Qu'était devenu ce mémoire?

Il était indiqué dans la *Bibliotheca Hohendorfiana* ou Catalogue de la bibliothèque de feu Georges Guillaume, baron de Hohendorf, de son vivant colonel des cuirassiers au service de Sa Majesté impériale catholique. La *Bibliothèque historique de la France* par le P. Lelong annonçait que ce mémoire devait se trouver à la Bibliothèque impériale de Vienne. C'est effectivement à Vienne, sous le n° 6861, que MM. Eudore Soulié et Dussieux le découvrirent. En 1716, le baron de Hohendorf, adjudant général du prince Eugène, était venu en France comme ministre plénipotentiaire de l'empereur Charles VI. Tandis que la France était presque heureuse d'être débarrassée de ce roi qui tenait tant de place, les étrangers, chez lesquels l'admiration avait succédé à la haine, recherchaient avidement tout ce qui avait rapport à Louis XIV. M. de Hohendorf acheta une copie du mémoire de Dangeau avec d'autres pièces manuscrites relatives aux obsèques du roi. (*Discours du cardinal de Rohan, Lettres de Ponchartrain, Tentures et Décorations des églises de Saint-Denis et de Paris.*) Le baron de Hohendorf mourut le 19 mai 1719, et la Bibliothèque impériale de Vienne acquit toutes ses collections, se composant de 6,730 volumes et de 252 manuscrits.

Grâce à l'intervention de l'Archiduc qui devait tomber à Queretaro et aux démarches du comte Monti de Rezé, les éditeurs obtinrent communication du manuscrit qui figure maintenant dans les *Mémoires* de Dangeau et qui nous a donné pour la première fois des détails complets sur les derniers jours de Louis XIV[1].

Il convient en effet, au risque d'allonger un peu cette introduction, de souligner l'importance toute spéciale que présente pour l'histoire du règne de Louis XIV le journal de ce pauvre marquis de Dangeau qui a eu la mauvaise fortune d'être mis à contribution par deux

---

1. MM. Charles Roux et Frédéric Lock, qui comptaient publier les *Mémoires* du baron de Breteuil, introducteur des ambassadeurs de 1699 à 1715, d'après un manuscrit de l'Arsenal (projet qu'ils n'ont pas mis à exécution, avaient trouvé intercalé dans ces *Mémoires* le travail même de Dangeau sous ce titre : *Mémoire de ce qui s'est passé depuis le moment que le roi Louis XIV a reçu le viatique jusqu'à sa mort arrivée le 1er septembre 1715.*

Ils adressèrent à ce sujet à la *Correspondance littéraire*, à la date du 28 janvier 1859, une lettre dans laquelle ils soutenaient, sans l'affirmer positivement, que le récit de Dangeau pourrait bien être du marquis de Breteuil. Le doute ne semble plus guère être possible à cet égard. MM. Ch. Roux et Lock donnaient à l'appui de leur conjecture cette seule preuve que le baron de Breteuil indiquait dans ses *Mémoires* l'origine de tous les documents étrangers qu'il reproduisait. Nous verrons par la suite qu'il était d'usage de ne pas se gêner avec Dangeau. C'était un de ces bons garçons auxquels, comme dit le proverbe, on mange la laine sur le dos.

hommes de génie qui ne lui ont donné que des moqueries pour salaire. Loin d'imiter les anciens qui couronnaient de fleurs les sources où ils avaient bu, Saint-Simon et Voltaire se sont plu, au contraire, à couvrir de risées l'honnête et débonnaire personnage qui avait désaltéré leur soif de connaître.

Le marquis de Dangeau avait arrêté le dessein de consigner chaque soir sur le papier, en rentrant chez lui, les principaux faits de la journée. Avec sa bienveillance ordinaire, il laissa prendre de nombreuses copies de ce journal qui, scrupuleusement tenu au courant, était une mine inépuisable de renseignements et comme un *aide-mémoire* précieux pour ceux qui, à quelque distance des événements accomplis, voulaient retracer soit l'ensemble, soit une période isolée du règne qui venait de finir.

« Le journal de M. de Dangeau, écrivait l'abbé de Choisy en commençant ses Mémoires, me servira d'un guide assuré; tout y est vrai; et si la grande sagesse et la trop grande circonspection de l'auteur l'ont empêché d'y mettre beaucoup de faits curieux parce qu'ils auraient pu fâcher quelqu'un et qu'il n'a jamais voulu fâcher personne, je n'aurai pas tant d'égards que lui. »

Saint-Simon qui traite si durement Dangeau confesse, dans un moment de justice, l'efficace secours que lui ont apporté ces Mémoires. « Avec tout cela, dit-il, ses Mémoires sont remplis de faits que taisent les gazettes; ils gagneront beaucoup en vieillissant, serviront beaucoup à qui voudra écrire plus solidement pour l'exactitude de la chronologie et pour qui voudra éviter la confusion. Enfin ils représentent avec la plus désirable précision le tableau intérieur de la cour, les journées de tout ce qui la compose, les occupations, les amusements, le partage de la vie du roi, le gros de celle de tout le monde, de sorte que rien ne serait plus désirable pour l'histoire que d'avoir de semblables Mémoires de tous les règnes s'il était possible. »

Le *Journal* de Dangeau circulant très librement, grâce à la complaisance de son auteur et aussi à l'absence dans ces pages de tout ce qui pourrait nuire au prochain, constitue, nous le répétons, la base première de tout ce qu'on a écrit de sérieux sur Louis XIV. Nous avons vu avec quel soin Saint-Simon en avait fait faire une copie. Cette copie, en réalité, était pour lui comme une toile toute préparée sur laquelle il brossait ses portraits merveilleux et si superbement outrés. C'était pour lui un thème qu'il développait en jetant, à travers les notes froides du circonspect mais patient journalier, l'écho de ses animosités implacables, le grondement de ses colères, l'éloquente violence de ses diatribes enfiélées.

Voltaire également n'eut guère pour son *Siècle de Louis XIV* d'autres matériaux que ce journal qu'il a commenté, sans prononcer le nom de Dangeau, en accompagnant beaucoup d'assertions de réflexions parfois prétentieuses et puériles, parfois aussi judicieuses et topiques.

Ni Saint-Simon ni Voltaire ne furent justes pour cet auxiliaire précieux. Qui ne connaît le Dangeau de Saint-Simon?

D'après ce diable d'homme, Dangeau fut « une espèce de personnage en détrempe. C'était un esprit au-dessous du médiocre, très futile, très incapable en tout genre, prenant volontiers l'ombre pour le corps, qui ne se repaissait que de vent et s'en contentait parfaitement. C'était de lui que Mme de Montespan disait plaisamment qu'on ne pouvait s'empêcher de l'aimer ni de s'en moquer, et cela était parfaitement vrai. On l'aimait parce qu'il ne lui échappait jamais rien contre personne, qu'il était doux, complaisant, et dans le commerce fort honnête homme, obligeant, honorable, mais d'ailleurs si plat, si fade, si grand admirateur des riens, pourvu que ces riens tinssent au roi et aux gens en place et en faveur, si bas adulateur des mêmes et, depuis qu'il s'éleva, si bouffi d'orgueil et de fadaises, sans toutefois manquer à personne et être moins bas, si occupé de faire entendre et prévaloir ses prétendues distinctions, qu'on ne pouvait s'empêcher d'en rire... Il adorait le roi et Mme de Maintenon; il adorait les ministres et le gouvernement; son culte, à force de le montrer, s'était glissé dans les moelles. »

Voltaire crache au plat avec plus de sansgêne encore. Il appelle Dangeau « le vieux valet de chambre imbécile qui se mêlait de faire à tort et à travers des gazettes sur toutes les sottises qu'il entendait dans les anti-chambres ».

Tous les deux avaient des motifs tout personnels d'en vouloir à ces inoffensives gazettes.

Saint-Simon, qui avait cabalé toute sa vie sans réussir, ne pardonnait pas d'avoir réussi sans cabaler à cet homme heureux, bienveillant, content de lui, content des autres, un peu banal peut-être, qui, à force de regarder Louis XIV, avait fini par lui ressembler physiquement. Il lui en voulait mortellement d'avoir eu tout ce qu'il souhaitait d'obtenir, d'avoir été brigadier après un rapide et brillant passage à l'armée, ambassadeur auprès des Électeurs du Rhin et du roi de Suède, grand maître de Saint-Lazare, membre de l'Académie française, d'avoir surtout joui constamment d'un crédit illimité dont il ne se servait guère que pour rendre service.

Quant à Voltaire, en dépouillant le Journal, il avait trouvé, à la date du 13 mai 1716, cette phrase dédaigneuse, qui avait dû exaspérer sa vanité : « Le petit Arouet, poète fort satirique et fort imprudent, a été exilé. On l'envoie à Tulle, et il est déjà hors de Paris[1]. »

N'eussent-ils été poussés par aucun de ces mobiles qu'il eût été difficile à Saint-Simon comme à Voltaire d'être justes pour Dangeau. Dangeau, c'est Philinte, et cet Alceste bilieux, exaspéré, frénétique qu'on nomme Saint-Simon, n'avait aucun point par où il pût sympathiser avec cette nature non point servile, mais amie des accommodements et inclinée à toutes les indulgences. Voltaire, le railleur, n'était point fait davantage pour comprendre ce respectueux qui estimait sa part assez belle dans le monde puisqu'il avait été le constant témoin d'un grand règne et le familier d'un grand roi.

Ceci était utile à dire pour remettre en sa vé-

1. Saint-Simon, développant toujours Dangeau et lui donnant de la couleur et du relief, s'exprime sur Voltaire à peu près sur le même ton :

« Arouet, fils de mon notaire, fut exilé et envoyé à Tulle pour des vers fort satiriques et fort imprudents. Je ne m'amuserais pas à marquer une si petite bagatelle, si ce même Arouet, devenu grand poète et académicien sous le nom de Voltaire, n'avait fini par être une manière de personnage dans la république des lettres, et même une manière d'important pour un certain monde. »

ritable posture un homme qui a été dénigré, on a pu s'en rendre compte, par ceux qui lui devaient le plus. Nous allons voir bientôt la scrupuleuse exactitude du *Journal* de Dangeau confirmée par un témoignage à coup sûr inattendu.

Tandis que Dangeau se retirait dans son appartement du deuxième étage de l'aile des Princes pour écrire son mémoire sur les derniers jours de Louis XIV, des narrateurs plus humbles que lui s'occupaient aussi de fixer sur le papier les moindres incidents de ces heures suprêmes. Les sieurs Anthoine[1], porte-arquebuse du roi, de père en fils, rédigeaient un *Journal historique ou récit fidèle de ce qui s'est passé de plus considérable pendant la maladie et à la mort de Louis XIV, roi de France et de Navarre.*

Ce journal ne fut pas imprimé, nous découvrirons pourquoi tout à l'heure. Mais plusieurs copies circulèrent, et l'une d'elles fut recueillie plus tard à la bibliothèque de Caen. M. Julien

---

1. Nous trouvons ce nom écrit tantôt Anthoine, tantôt Antoine, Nous adoptons l'orthographe du manuscrit.

Travers, secrétaire de l'Académie des sciences et belles-lettres de cette ville, parcourut cette copie, en fut frappé et rédigea à ce sujet un mémoire enrichi d'extraits dont il donna lecture dans une réunion des Sociétés savantes à la Sorbonne en 1865. Il publia alors son discours en une mince brochure que j'ai retrouvée par hasard sur le quai dans la boîte à un sol.

« Si l'impression que ce Journal a faite sur nous était partagée, si le projet que nous avons timidement conçu dans la solitude d'une bibliothèque de province trouvait ici des approbations et des encouragements, nous chercherions un éditeur pour le journal historique des sieurs Anthoine. »

Ainsi terminait M. Julien Travers, et il put se convaincre sans doute qu'il est plus facile de trouver des approbations et des encouragements que de trouver un éditeur. Tant qu'on n'aura pas mis en pratique le système exposé avec une réelle hauteur de vues et une lumineuse netteté d'argumentation par M. Francisque Bouillier dans son livre excellent : *la Fédération des Académies de province,* les

Sociétés savantes des départements, en dépit du mérite de ceux qui les composent et de l'intérêt que présentent leurs travaux, sont condamnées à voir leurs plus louables tentatives rester trop souvent infructueuses. Leurs forces s'éparpillent faute d'une direction centrale, leur bonne volonté reste stérile par l'absence d'un lien commun qui relie toutes ces forces et en forme un faisceau solide.

Pour dire le bref, le Journal des Anthoine ne parut pas.

Un jour je causais de ces choses avec Victorien Sardou à Marly, en ce village même qui vit commencer la dernière maladie de Louis XIV, le 10 août, jour de la Saint-Laurent. Victorien Sardou, qui l'ignore? est un très sérieux érudit. L'auteur de tant de pièces applaudies donne son esprit à la foule et garde sa science pour ceux qu'il veut bien honorer de quelque amitié; le dramaturge si habile à mettre en scène les ridicules et les travers du monde moderne est un raffiné en tout ce qui touche au XVIIe et au XVIIIe siècles.

Quel lieu d'ailleurs mieux choisi pour évoquer le grand siècle évanoui que cette maison de Marly qui vit s'asseoir à la même table, autour de Mlle Mignard qui devint la marquise de Feuquières, des hommes de lettres, des artistes, des traitants même, heureux d'être admis en telle compagnie? Si les hôtes sont partis, on pourrait croire que le salon n'est point changé, tant le moindre meuble est bien authentiquement du temps, tant les tapisseries des Gobelins qui pendent aux murailles ont l'air d'être de la même date, d'être non des objets de curiosité, mais comme la naturelle décoration placée là par le propriétaire de l'époque.

Donc, nous causions au milieu de tous ces débris d'un passé charmant, avec des arbres deux fois centenaires devant nous. Plus loin vers l'horizon s'étendait ce paysage qui vit jadis tant de beaux seigneurs cavalcader autour des calèches des dames, et qui aujourd'hui, enveloppé d'une sévère tristesse, semble se recueillir silencieusement comme pour mieux écouter dans le lointain si tout le bruit qui emplissait Marly jadis ne va pas revenir l'animer encore.

« Pourquoi ne publiez-vous pas le journal des Anthoine? me demanda Sardou.

— Il est à Caen; j'ai pour état de faire des chroniques à Paris. Ainsi que le dit Barbey d'Aurevilly, je donne des articles aux journaux qui m'offrent en échange des gratifications que j'accepte... Vous savez avec quelle rapidité le torrent de tant d'affaires vaines emporte nos heures dans ce Paris que vous avez peint comme un maître et que vous avez fui comme un sage. »

Sardou sortit et revint une minute après, souriant comme s'il eût trouvé le moyen de terminer aux applaudissements de toute une salle une de ces pièces où il excelle à accumuler les difficultés pour se procurer le plaisir de les dénouer d'une main spirituelle et légère.

« Publiez, me dit-il; » et il me tendit ce fameux manuscrit des Anthoine qu'il avait *découvert*, lui aussi, et qu'il conservait précieusement dans sa *Bibliotheca Marleiana*.

On le voit, mon mérite ici est mince. Sans aller jusqu'à la fable de La Fontaine, je puis me comparer, sans quitter le XVIIe siècle, au sonneur qui prenait sa part des applaudissements donnés à un sermon de Bourdaloue. — « C'est moi qui l'ai sonné », disait-il. — C'est moi qui l'ai imprimé, puis-je dire à ceux pour lesquels ce journal des Anthoine offrirait quelque intérêt.

Le manuscrit en question est d'une écriture très lisible et très ferme du commencement du XVIIIᵉ siècle. Il est relié très simplement en veau marbré, et les armes un peu effacées par les années qu'on remarque sur la couverture ne permettent guère de désigner clairement le possesseur. Sans nous arrêter au timbre, une couronne de marquis, qui sur des volumes n'a point une signification très positive et qui indique seulement qu'un titre analogue a été dans la famille, nous pourrions peut-être, en interrogeant ces *deux jumelles surmontées d'un lion passant* ou d'un *lion léopardé,* armoiries qui révèlent une origine normande, trouver trois ou quatre maisons auxquelles ce manuscrit a pu appartenir.

Les Malhan portaient *de gueules à deux jumelles d'or accompagnées en chef d'un lion léopardé du même;* les Beauchamp : *d'azur à deux jumelles d'or au lion d'or passant en chef;*

les Girard : *d'argent à deux jumelles de sable,
la première surmontée d'un léopard du même;*
les Bazan : *d'azur à deux jumelles d'argent
surmontées d'un lion léopardé du même, armé
et lampassé d'or.*

Ces trois dernières familles sont normandes,
et la présence d'un premier manuscrit à la bibliothèque de Caen semble indiquer que ce
Journal des Anthoine se promenait en Normandie, soit qu'un des leurs se fût retiré par là,
soit qu'ils l'eussent confié à quelque personnage qui habitait ce pays.

Qu'étaient les Anthoine? Des serviteurs très
modestes, porte-arquebuse ou garçons de
chambre, qui depuis plus d'un siècle vivaient
doucement dans la domesticité royale.

L'État de la France de 1712 nous donne quelques renseignements sur eux-mêmes et sur les
émoluments qui leur revenaient de leurs emplois.

Nous voyons qu'il existe deux porte-arquebuse qui ont chacun 1,100 livres payées par le
trésorier des Menus, tant pour leurs gages que
pour la fourniture de poudre et de plomb pour
la chasse, avec 500 livres de récompense payées

au Trésor royal. « Les fusils, pistolets et autres armes de chasse leur appartiennent quand le roi ne s'en sert plus. Ils ont bouche à la cour à la table dite des valets de chambre et ont la qualité d'écuyer. »

Au semestre de janvier, figure « le sieur Jean Antoine l'aîné et Jean Marc, son fils et survivant. Le père est encore concierge à la chancellerie et inspecteur des chasses à Saint-Germain-en-Laye. »

Le semestre de juillet appartient à « François Antoine, le cadet, aussi garçon ordinaire de la chambre du roi ».

« Quand le roi va tirer ou va à la chasse, ajoute l'*État de la France*, le porte-arquebuse monte à cheval dans le Louvre et y entre aussi à cheval à la suite du roi. Ils prennent l'ordre du roi et lui mettent le premier fusil entre les mains et le reprennent de Sa Majesté. »

Les détails sur les garçons de chambre ne sont pas moins circonstanciés. *L'État de la France* mentionne « six garçons ordinaires de la chambre qui ont 658 livres tant de sols, sçavoir : 400 l. de gages sur les Menus, 180 l. de récompense au Trésor royal, 50 l. du trésorier de l'argenterie et, de trois ans en trois ans, un lit complet garni, fourni par les tapissiers, appelé le lit de veille et payé par les trésoriers de l'argenterie 85 l., ce qui revient par an sur le pied de 28 l. 6 s. 8 d., c'est-à-dire 658 l. 6 s. 8 d.; ils touchent deux cents écus pour fournir le papier, les plumes, l'encre et la poudre au conseil des Finances qui se tient dans la chambre ou dans le cabinet de Sa Majesté. De plus les libéralités de quelques hardes de la chambre du roi que leur fait chaque année le premier gentilhomme de la chambre qui sort de service sont encore fort considérables ».

L'*État* indique parmi les garçons de chambre « les sieurs François Antoine le cadet et François le fils en survivance ; le père est aussi porte-arquebuse du roi ».

Les autres garçons de chambre sont Jacques Benier, Antoine Basire, Jacques Basire, Jacques Touchebois de la Grange, Bertrand Magontière et Charles de la Tourtelière.

Jusqu'au dernier moment les Anthoine occupent cet emploi, et commencent seulement à ajouter une particule à leur nom. Dans l'Almanach de Versailles de 1787, les seuls porte-arquebuse désignés sont : 1° Antoine; son fils en survivance; 2° Antoine de Beauterne.

L'*Histoire de la ville et du château de Saint-Germain*, publiée en 1829 par Abel Goujon, nous fournit encore quelques détails sur les Anthoine et nous apprend que Jacques Anthoine, un des auteurs du *Journal* que nous publions, avait également écrit une histoire manuscrite des *Antiquités, églises, abbayes, prieurés*, etc., de Saint-Germain; elle nous donne la date de sa mort, arrivée le 16 décembre 1716[1].

1. Voici au surplus le passage complet d'Abel Goujon, qui n'est pas d'une exactitude absolue. Le livre de M. de Beaurepaire qui, d'ailleurs, n'a pas publié le journal de la mort de Louis XIV, est loin d'être la reproduction littérale du manuscrit d'Anthoine, et l'auteur, qui est en même temps libraire, semble avoir cédé au désir de discréditer une œuvre qui nuisait au débit de la sienne :

« Antoine (Jacques), garçon ordinaire de la chambre de Louis XIV et auteur d'un manuscrit intitulé : *Histoire des antiquités, églises, abbayes, prieurés, châteaux, forêts et autres lieux situés dans les limites de la capitainerie de Saint-Germain-en-Laye, suivie d'un récit fidèle et journalier de la mort de Louis XIV.*

« C'est de ce manuscrit qu'est tiré en grande partie l'*Almanach*

Spectateurs paisibles de toutes les intrigues, de toutes les brigues, de toutes les menées qui agitaient incessamment la cour, les gens de ce petit monde, nantis de bonnes prébendes, assis‑ taient avec indifférence à l'élévation et à la chute des maîtresses et des favoris; dans le souverain ils aimaient surtout l'homme qu'ils

historique, civil et militaire de la ville de Saint-Germain-en-Laye et de tout le district. Première année 1792, Saint-Germain; Per‑ rault, in-18.

« M. J.-C. de Beaurepaire, ancien officier de la maison de Mon‑ sieur, vient de publier le manuscrit d'Antoine, sous ce titre: *Saint-Germain-en-Laye et ses environs, depuis 1020 jusqu'à nos jours.* Paris, 1729, in-18.

« L'éditeur y a conservé toutes les erreurs de l'auteur sans les annoter. Il avance dans sa préface qu'aucun ouvrage n'ayant donné jusqu'alors de détails particuliers sur la construction du château, ses embellissements successifs, etc., etc.; il remplira à cet égard le désir des curieux et donnera des descriptions exactes, mais, fidèle au guide qu'il a copié, il décrit Saint-Germain en 1829, tel que l'a vu Antoine en 1680. C'est ainsi qu'il conduit l'étranger dans le château neuf dont il visite les appartements et les jardins, il lui montre le boulingrin *d'ifs taillés en pointe sans façon et d'arbrisseaux étranges.*

« Antoine a fini ses jours à Saint-Germain, le 16 décembre 1716, à l'âge de quatre-vingt-un ans. Son père, mort dans cette ville le 20 mai 1677, avait été garçon de la chambre de Louis XIII ; il a laissé un journal manuscrit des progrès de la maladie du monarque jusqu'au 14 mai 1645, époque de sa mort. »

avaient vu souvent jouer enfant et qui vieillis-
sait en même temps qu'eux.

Les Anthoine cependant se distinguaient des
autres par une vocation obstinée et spéciale ; ils
racontaient les derniers moments des rois. A
l'heure où les bougies s'éteignent brusquement
sans qu'aucun souffle ne les effleure, à l'heure
où circulent à travers les corridors du château,
devant des gardes stupéfaits qui n'ont pas
entendu la porte tourner sur ses gonds, les
esprits familiers qui ont pour mission, comme
le *Petit homme rouge* des Tuileries ou l'*Homme
sauvage* de Fontainebleau, de prédire que les
catastrophes sont prochaines, les Anthoine noir-
cissaient soudain du papier. Leur écriture avait
la signification de la poule qui chante le coq et
qui annonce une mort à bref délai dans la
maison. Obscurs, inconnus, perdus dans le loge-
ment des subalternes, ils allaient ainsi, invisi-
bles, dans un rang intermédiaire entre l'historio-
graphe qui célébrait pompeusement les actions
royales et le prélat chargé de proclamer en présence d'un cercueil fleurdelisé le néant de cette
puissance humaine qui passe si vite et l'éter-

nelle puissance de ce Dieu qui ne passe jamais. Dès que Montjoie-Saint-Denis, vêtu de la cotte d'armes de velours violet cramoisi, frangée et galonnée d'or, écussonnée par devant et par derrière des trois grandes fleurs de lys surmontées de la couronne de France, avait crié devant un tombeau : « Le Roy est mort, vive le Roy! » les Anthoine jetaient leur plume et reprenaient l'arquebuse.

Un Anthoine, on l'a vu, a laissé un journal de la mort de Louis XIII[1], les Anthoine

1. Ce journal, que nous publierons peut-être quelque jour, est intitulé : *Histoire de ce qui s'est passé à la maladie et mort du roi Louis Treize*. Il fait partie depuis de longues années de la bibliothèque de Saint-Germain et se trouve intercalé dans un volume qui contient de nombreux documents sur Saint-Germain, Marly, le monastère des Loges, l'ancien château de la Montjoye, l'abbaye royale de Joyanval, la chapelle de Sainte-Radegonde, le prieuré d'Hannemont, le château de Maisons, l'abbaye, château et ville de Poissy.

M. Bunont, l'aimable bibliothécaire de la ville de Saint-Germain, a acheté, il y a quelque temps, moyennant la somme de 32 francs, à la vente de M. Joly, bibliothécaire de la ville de Lunéville, un volume portant pour titre : *Antiquités et Origines de Saint-Germain-en-Laye et de ses environs, avec la relation de la maladie et de la mort de Louis XIII, roi de France*. Cette relation, qui n'est autre que le *Journal* des Anthoine, est d'une écriture infiniment plus moderne que la copie précédente.

La bibliothèque du Louvre avait acquis moyennant une somme

à nous ont rédigé le journal de la mort de Louis XIV que nous mettons au jour. Un dernier Anthoine a probablement libellé, lui aussi, un journal de la mort de Louis XV que l'on retrouvera quelque matin.

Le Journal de la mort de Louis XIV semblait destiné à être imprimé. Les auteurs le disent expressément.

relativement très considérable, 700 à 800 francs, croyons-nous, une troisième copie qui a été brûlée sous la Commune avec les précieux manuscrits que renfermait cette bibliothèque.

Voici le début de ce journal de la mort de Louis XIII qui, avec une forme plus lourde, est bien rédigé dans les conditions de minutieuse exactitude du journal de la mort de Louis XIV :

« Le jeudi, 21ᵉ jour de février 1643, le roi Louis treize, d'heureuse mémoire, dit le Juste, pour ses rares vertus, tomba malade dans son château neuf de Saint-Germain-en-Laye où il faisait sa demeure ordinaire tous les étés, d'un flux comme épatique avec une espèce de fièvre lente qui ne le quitta pas jusqu'à sa mort, qui d'abord ne paraissait pas dangereuse ni mortelle au jugement des médecins qui sont accoutumés de flatter toujours les grands ; mais il arriva le contraire, car ils remarquèrent en peu de temps que la maladie était plus dangereuse qu'ils ne l'avaient cru, ayant duré deux mois et vingt-huit jours, que par sa longue durée elle avait corrompu toutes les parties nobles et les entrailles, ainsi qu'il a été remarqué après le décès. Sa Majesté, dans cet espace de temps, ne laissait point d'avoir de bons intervalles de santé, travaillant à son conseil, allant à la chasse au vol et à la promenade dans ses forêts et faisant les mêmes exercices qu'en pleine santé.»

« En faisant une relation exacte et fidèle de ce qui s'est passé dans le cours de sa dernière maladie et à la mort de Louis le Grand, nous ne faisons que suivre les traces de nos ancêtres. Nous conservons précieusement le journal historique de la maladie et de la mort de Louis XIII, dressé par le sieur Anthoine notre père, garçon ordinaire de la chambre de ce prince, et ensuite de celle du feu Roy. Les copies s'en sont multipliées, et nous n'avons pu en refuser aux plus grands seigneurs de la cour qui dans le temps nous les ont demandées.

« Notre premier dessein était de suivre leurs exemples dans cette relation et d'en communiquer seulement des copies à ceux qui nous en demanderaient, sans néanmoins la rendre publique, mais plusieurs de nos amis l'ayant lue, elle leur a paru si intéressante qu'ils nous ont priés et conseillé de la faire imprimer. Nous y avons acquiescé, et nous espérons que le public ne nous saura pas mauvais gré d'avoir suivi leurs sentiments. »

Pourquoi ce journal n'a-t-il pas vu le jour ? La raison en est simple. Les Anthoine étaient manifestement jansénistes. Avec quelques lignes très significatives sur le cardinal de Noailles, le passage suivant le prouve jusqu'à l'évidence :

« Après cela, écrivent les Anthoine à la date du 26 août, le Roy qui conservait encore toute la liberté de son esprit et qui avait toujours eu beaucoup de délicatesse en matière de religion ne voulant pas qu'après sa mort il restât aucun doute sur la sincérité de sa foy, jugea à propos de s'en expliquer publiquement, ayant donc fait appeller M^{rs} les cardinaux de Rohan, de Polignac et de Bissy avec le père Le Tellier, il leur dit d'un air majestueux et d'un ton assez élevé ces paroles édifiantes :

« M^{rs}, je suis bien aise de vous déclarer
« publiquement mes sentiments devant toutes les
« personnes icy présentes. Je veux vivre et mou-
« rir dans la Religion Catholique, Apostolique et
« Romaine que j'ay soutenue autant qu'il m'a
« été possible pendant le cours de mon règne,
« vous avez pu sçavoir que dans toutes les affaires
« qui ont regardé la Religion et l'Église je les
« ai protégées avec fermeté et zèle, mais dans les

« dernières affaires qui sont survenues depuis
« peu je n'ai suivy que vos avis et n'ay fait que
« ce que vous m'avez conseillé de faire, c'est
« pourquoy, si j'ay pu mal faire, c'est sur vos
« consciences, n'y en ayant point eu d'autre part,
« et vous en repondrez devant Dieu, pour moy
« je n'ai eu que de très bonnes intentions. »

« Les prélats étrangement surpris du discours
de Sa Majesté ne lui répondirent rien, soit
qu'ils ne s'attendissent pas à un tel coup, soit
qu'ils craignissent de luy causer quelque émo-
tion, ils se retirèrent en soupirant, ce qui fit
faire beaucoup de réflexions à ceux qui étaient
présents. »

C'est ce motif-là bien certainement et la
crainte d'une disgrâce au moment où l'on était
en plein dans l'ardeur des affaires de la Constitution qui empêchèrent la publication de ce
journal.

Nous croyons que le public nous saura quelque
gré d'avoir mis en lumière ce document qui
précise dans leurs moindres détails les derniers
jours de Louis XIV.

Ce journal qui relate bien des circonstances

omises par Dangeau dans son mémoire atteste cependant la scrupuleuse véracité de ce dernier avec lequel les Anthoine sont presque toujours en exacte concordance. Il démontre une fois l'incontestable mauvaise foi de Saint-Simon qui n'avait nul souci de la vérité dès qu'il s'agissait d'un de ces personnages auxquels il avait voué une haine aveugle.

Saint-Simon, par exemple, accuse Mme de Maintenon d'avoir abandonné le roi, et le journal des Anthoine nous prouve qu'elle était encore venue à Versailles le 31 août, et que ce n'est qu'en trouvant le moribond sans connaissance qu'elle distribua à ses domestiques le peu de meubles qu'elle possédait et qu'elle se retira à Saint-Cyr avec cette résolution, qui n'était pas sans dignité, de ne plus quitter cette retraite[1].

1. Saint-Simon, du reste, se contredit lui-même à chaque instant. Dans ses *Mémoires,* nous lisons : « Le vendredi 30 août, sur les cinq heures du soir, Mme de Maintenon passa chez elle, distribua ce qu'elle avait de meubles dans son appartement, et s'en alla à Saint-Cyr pour n'en sortir jamais. »

Dans son addition au *Journal* de Dangeau, il dit : « On a vu combien le tendre compliment du roi à Mme de Maintenon sur

Saint-Simon n'est pas plus sincère lorsqu'il accuse de négligence le père Le Tellier qui couchait dans un cabinet attenant à la chambre royale et qui, nous le voyons par le témoignage de Dangeau, confirmé expressément par les Anthoine, ne quitta pour ainsi dire pas le malade à partir du 24 août, et ne s'éloignait de son lit que lorsque le roi avait à s'entretenir avec le chancelier ou avec le duc d'Orléans.

Il est à peine nécessaire de dire que le journal des Anthoine ne fait pas même allusion à ce bruit que Louis XIV ait été affilié à l'ordre des jésuites. On se demande même comment Saint-Simon, qui savait à n'en pas douter que la Compagnie de Jésus n'a pas de tiers ordre,

l'espérance d'en être rejoint bientôt déplut à cette vieille fée qui, non contente d'être reine, voulait apparemment encore être immortelle. On a vu que dès le mercredi, c'est-à-dire quatre jours avant la mort du roi elle l'avait abandonné pour toujours, que le roi s'en aperçut avec tant de peine, qu'il la redemanda sans cesse, ce qui la força de revenir de Saint-Cyr, et qu'elle n'eut pas la patience d'attendre sa fin. »

Enfin quelques lignes plus loin il écrit : « Ainsi mourut un des plus grands rois de la terre entre les bras d'une indigne et ténébreuse épouse et de ses doubles bâtards. »

a pu consacrer près de cent lignes à ce conte bleu ou plutôt à ce conte noir[1].

On s'explique cependant ce fait quand, s'arrachant à la fascination de ce style incomparable, on voit Saint-Simon tel qu'il était. Celui qui reproche à Dangeau d'être un laquais, qu'était-il lui-même ? Un portier, un portier d'un prodigieux génie il est vrai. Il avait de ce type du portier les crédulités niaises, les vanités puériles, l'envie sans cesse éveillée, l'amour des aventures romanesques ; il trouvait de ces épithètes comme *vieille sultane*, par exemple, appliquée à Mme de Maintenon, qui sont bien dans la gamme des concierges de Gavarni ; il

---

1. C'est évidemment Saint-Simon qni a contribué à mettre en circulation cette légende du jésuite de robe courte, qui est maintenant enracinée dans l'esprit des masses. Pas un document historique, pas une ligne des Constitutions si souvent publiées n'indiquent cependant qu'une telle organisation existe dans l'ordre. D'autres ordres, comme les Dominicains, les Franciscains, ont ce qu'on nomme des *Tiers ordres* composés de personnes vivant dans le monde ; la Compagnie de Jésus n'a jamais eu rien de pareil. Les congregations de la Sainte Vierge, qui ont, il est vrai, été fondée-par les Jésuites, n'ont rien de commun avec l'Institut lui-mêms et sont de simples associations de prières dont les règles approue-vées par l'Église sont aisément connues de tous.

croyait aux signes mystérieux que se font les
jésuites, aux empoisonnements, aux guerres
déclarées pour une fenêtre ; il accueillait les can-
cans de tous les étages, et il les rendait à l'histoire
transformés par ce merveilleux don d'artiste
qui s'entait chez lui sur une nature assez commune et bornée.

Le résumé de la vie de Louis XIV que contient l'addition au *Journal* de Dangeau est
comme le spécimen de la manière de ce terrible
et bizarre historien. Tout y est : les vues profondes, les jugements superbes, les on-dit insi-
gnifiants, les futilités sottes, les critiques oiseuses ;
tout y est et tout a la même importance, tout
s'en va vers la Postérité entraîné dans la marche
impétueuse de cette phrase irrésistible. Il flétrit
les adultères scandaleux, et sur le même rang
il place le crime d'avoir cru que Lunel qui était
Clermont d'Amboise était un homme de fortune ;
il s'élève avec indignation contre les ambitions
démesurées et les guerres sans fin, et il complète
son réquisitoire en reprochant au roi d'avoir permis que Mme Colbert et Mme Louvois montassent
dans le carrosse de la reine, et d'avoir laissé

les ministres quitter d'abord le manteau et
le rabat, puis l'habit noir, et enfin l'uni et
le modeste, pour s'habiller comme les gens de
qualité.

Puis Bossuet succède à ce glorieux entiché
d'une noblesse assez douteuse, puisque son père
avait succédé à un Barrabas comme page des
petites écuries, et aussi ridicule sur ce point
que les marquis de Molière, et dans son langage
inimitable Saint-Simon apprécie cette mort ma-
jestueuse comme aucune plume humaine ne
l'aurait pu faire.

« Que dire après cela, écrit-il, de la fermeté
constante et tranquille que fit admirer le roi
dans l'extrémité de sa vie, car il est vrai qu'en
la quittant il ne regretta rien, que son égalité
d'âme fut à l'épreuve de la plus légère impa-
tience, qu'il ne s'importuna d'aucun ordre à
donner, qu'il vit, qu'il parla, qu'il régla, qu'il
prévit pour après lui dans la même assiette
qu'un autre très libre d'espritaurait pu faire ,
que tout se passa jusqu'au bout avec cette dé-
cence extérieure, cette gravité, cette majesté
qui avait accompagné les actions de toute sa

vie, et qu'il y surnagea un naturel, un air de
vérité et de simplicité qui bannit jusqu'aux
plus légers soupçons de représentation et de
comédie. De temps en temps qu'il était libre et
dans les derniers jours ayant banni toutes
affaires et tous autres soins, il était uniquement
occupé de Dieu, de son salut, de son néant, de
ce grand avenir où il était si près d'entrer avec
un détachement sans regret, avec une humilité
sans bassesse, avec un mépris de tout ce qui
n'était plus, qui formait le spectacle le plus
touchant et en même temps le plus admirable
et qui se soutint toujours et le même et tout
entier, sentiment de ses péchés sans la moindre
terreur, confiance en Dieu tout entière, le
dira-t-on sans doute, mais toute fondée sur
les miséricordes et sur le sang de Jésus-Christ,
résignation personnelle sur son être et sur sa
durée en regrettant de ne pas souffrir. »

Ce que commente magnifiquement Saint-
Simon, le récit des Anthoine nous le montre
et la simplicité même de ce style sans préten-
tion et sans couleur ne fait qu'accentuer davantage le prestige particulier à ce roi moribond

qui reste auguste au milïeu des trivialités mêmes de la maladie.

Les lecteurs de ce Journal éprouveront, je crois, une impression semblable à la nôtre. En songeant au désarroi que jette en nous la moindre souffrance, en se rappelant le douloureux affaissement de certaines vieillesses, ils auront quelque peine à se détacher de ce lit mortuaire où vraiment on aperçoit quelque chose qui n'est pas ordinaire. Ils compareront cette mort à quelques morts illustrse, et ils la trouveront empreinte d'une marque distincte de grandeur.

Par une sorte de loi de la destinée, effectivement tous ceux qui ont poursuivi le même rêve gigantesque de domination universelle ont pu, avant d'expirer, voir, en pleine possession de leur intelligence, l'inanité de cette suprême puissance qui avait été si formidable entre leurs mains. Chez tous, ce fait d'un pouvoir qui vous échappe avant que la vie ne vous quitte s'est traduit d'une façon différente. Charles-Quint abdique à l'heure des défaites, s'enferme dans un cloître et assiste vivant à ses funérailles; Napoléon meurt sur un rocher comme un Titan vaincu auquel Dieu a arraché la foudre ; Louis XIV force une dernière fois la main à la Fortune infidèle, s'éteint dans son palais, et, comme s'il constatait déjà sa mort, dit simplement : « Du temps que j'étais roi ! »

C'est ainsi que dans ce jeu peu varié des combinaisons humaines, puisque, à part les saints, ceux qui vivent dans la mémoire des hommes sont toujours mus par des ressorts identiques, la gloire des conquêtes, le désir de la renommée, l'amour des fêtes éclatantes, chaque époque imprime cependant au héros dans lequel elle s'incarne un caractère tout particulier.

Louis XIV mourant, comme Louis XIV vivant, représente le xviie siècle dans sa manifestation la plus admirable et la plus élevée. Sur le bord du tombeau, il reste ce qu'il a été, il garde le parfait équilibre de ses facultés. Nulle crainte du noir, du gouffre béant, nulle trace de ces épouvantements de l'inconnu qui apparaissaient déjà chez Charles-Quint, et qui, chez ses descendants, tourneront plus tard à une obsession malsaine d'hypocondriaque et pous-

seront les infants d'Espagne à jouer aux funérailles dans le morne Escurial comme d'autres
enfants jouent à cache-cache ou aux soldats.
Nuls transports mystiques, nul désir de l'au-
delà, nulle aspiration vers les félicités du pa-
radis. C'est essentiellement une mort claire,
tranquille, française, la mort d'un chrétien
très attaché aux formules et croyant bonnement
au texte même des prières. Les trois Vertus
théologales, qui dans tant d'almanachs histo-
riques soutiennent le trône de Louis XIV,
sont là encore. La Foi est solide, inébranlable,
mais sans extase; l'Espérance est sûre d'elle-
même, mais elle manque d'air pour battre des
ailes; la Charité est glaciale et sèche comme
une raison d'État.

Cette mort, en tout cas, les Anthoine ont été
bien inspirés de nous la faire connaître dans
toutes ses particularités. Leur description des
obsèques est curieuse également, et on se con-
vaincra une fois de plus, en la lisant, de la fausseté des légendes qui nous montrent le cercueil
de Louis XIV attaqué à coups de pierres et
défendu à grand'peine par les archers contre

les outrages de la populace. Louis XIV alla à Saint-Denis comme il devait y aller, escorté de toute sa maison militaire, accompagné de tous ses grands officiers. L'étiquette qui avait présidé à chacun des jours de sa vie terrestre fut respectée à son enterrement, et nulle infraction ne fut faite à la sévérité des rites rigoureux qui réglaient les deuils monarchiques.

Tout est-il donc invention dans le récit de ces injures adressées à l'ombre du vieux roi? Assurément non. Tolérés complaisamment, sinon commandés par les d'Orléans, qui furent toujours pour les Bourbons de plus dangereux et de plus implacables ennemis que les révolutionnaires les plus fougueux, les pamphlets, les noëls satiriques, les chansons insultantes retentirent, mais avec une absence de verve qui montre que l'irrespect n'était pas familier encore à la nation. On était loin de la Fronde en effet, et l'on n'était pas habitué encore à ces protestations de l'opinion que les scandaleuses orgies de la Régence vont faire éclater à tous les coins de la France. Sauterot de Marsy, dans son *Nouveau Siècle de Louis XIV,* nous a con-

servé quelques-uns de ces documents qui,
malgré leur platitude, sont curieux en ce qu'ils
nous indiquent bien l'état des esprits alors[1].
Beaucoup d'autres figurent dans le *Chanson-
nier historique du* XVIIIᵉ *siècle,* dont M. Émile
Raunié a déjà publié deux volumes à la librai-
rie Quantin.

S'il est excessif de dire avec Saint-Simon que
Louis XIV ne fut regretté que de ses valets
intérieurs, de peu d'autres gens, des chefs de

---

1. Citons le premier couplet d'un *Éloge funèbre* de Louis XIV,
sur l'air de la *Faridondon :*

> Quel prodige surnaturel
>   En ce lieu va paraître ?
> Que vois-je ? Ah ! c'est *l'homme immortel*
>   Qui vient cesser de l'être
> Tremblez, ô peuple de Sion,
> La faridondaine, la faridondon.
> Plus d'un malheur je vous prédis
>   Biribi.
> A la façon de Barbari
>   Mon ami.

Voici encore, au hasard, quelques épitaphes satiriques :

> Ci-gît le mari de Thérèse
> De la Montespan le mignon,
> L'esclave de la Maintenon
> Le valet du Père La Chaise.

> Ci-gît le roi des maltôtiers,
> Le protecteur des usuriers,

l'affaire de la Constitution et de quelques plats et vieux courtisans, il faut admettre que les regrets ne furent pas exagérés. La France en réalité en avait assez de ce monarque qui bouchait un peu l'horizon, et n'était point fâchée de voir disparaître ce représentant d'un mouvement déjà terminé. On voulait se délasser de cette fin de siècle morose et renfrognée, et les petites tentes dressées sur le chemin de Saint-Denis, et où, dit Voltaire, on buvait, on chantait, on riait, étaient une revanche de la gaieté française contre la contrainte des derniers jours. A vrai dire, cette fête du rire, encouragée par le Régent sur le passage du cercueil de Louis XIV,

> Le lâche esclave d'une femme,
> Ne priez point Dieu pour son âme.

> Ci-gisent au même tombeau
> Louis Quatorze et les finances,
> Et la bulle et l'édit nouveau,
> Et de Tellier les manigances.

Mentionnons encore un *Abrégé de l'histoire de Louis XIV* sur l'air des *Pendus* :

> Les uns le nomment Louis le Grand,
>   Et d'autres Louis le Tyran,
> Le banqueroutier et l'auguste.
>   Et c'est raison assez juste,
> Car n'eut d'autre raison jamais
> Qu'il faut, Nous voulons, il Nous plaît.

ne s'arrêta plus et s'interrompit à peine devant la voiture qui portait Louis XVI au martyre et Philippe-Égalité au châtiment.

Les étrangers, au contraire, que l'orgueil du Roi-Soleil avait si souvent révoltés, furent plus justes et témoignèrent d'une sorte de vénération pour l'homme qu'ils avaient tant haï[1]. Ils n'apercevaient, eux, que l'effort accompli; les Français surmenés et lassés sentaient ce que cet effort leur avait coûté, et connaissaient les plaies secrètes qu'avaient dissimulées si longtemps les pompes un peu théâtrales de ce despotisme éblouissant.

A distance, nous ne jugeons maintenant ni comme les étrangers ni comme les Français

1. « L'Empereur, nous dit Saint-Simon, prit le deuil de Louis XIV comme d'un père; et quoiqu'il y eut quatre ou cinq mois depuis la mort du Roi jusqu'au carnaval, tout espèce de divertissement fut défendu à Vienne et observé exactement. Le monstrueux fut que, sur la fin du carnaval, il y eut un bal unique, avec une espèce de fête, que le comte Du Luc, ambassadeur de France, n'eut pas honte de donner aux dames qui le séduisirent par l'ennui d'un carnaval si triste. Cette complaisance ne le fit pas estimer à Vienne, ni ailleurs. » Nous avons vu de notre temps un fait à peu près analogue. Le jour même où les plus illustres personnages de l'Angleterre assistaient aux obsèques du Prince impérial, on donnait une grande fête à l'ambassade de France à Londres.

d'alors. Nous regardons ce qu'il y a entre ces deux dates 1715 et 1815, 1715 où Louis XIV meurt à Versailles, et 1815, où Napoléon, empereur et roi, sacré par un pape à Notre-Dame, joue et perd l'empire du monde à Waterloo, et voyant qu'un siècle — la vie de certains hommes — sépare ces deux dates, nous sentons que les événements roulent emportés par un courant que rien n'arrête et qu'aucune puissance humaine ne peut diriger. Ce qui nous frappe chez Louis XIV, ce n'est donc ni le but, ni les faiblesses, ni les résultats de son œuvre, ce sont les proportions de la figure historique. De l'étude des faits passant à l'étude de l'être lui-même, nous comparons cette existence pleine de tant de multiples soucis, de tant de créations magnifiques, de tant de vastes travaux, aux petits objets qui occupent notre rapide passage sur la planète; nous rapprochons l'exercice de cette autorité qui parlait si haut dans toute l'Europe de la dérisoire apparence de pouvoir qu'ont détenue les souverains de notre temps, et nous avons alors comme le sentiment d'une plénitude de vie et comme l'impression d'une

destinée bien complète. En récapitulant les
plaisirs, les triomphes, les amours, les négo-
ciations, les victoires, les défaites, les apo-
théoses, les humiliations, les deuils qui ont
rempli les jours de ce privilégié parmi les fils
des hommes, nous répétons avec Saint-Simon :
« Voilà qui s'appelle vraiment avoir vécu et
avoir régné !... »

ÉDOUARD DRUMONT.

PRÉFACE

En faisant une relation exacte et fidelle de ce qui s'est passé dans le cours de la dernière maladie et à la mort de Louis le grand, nous ne faisons que suivre les traces de nos Ancêtres, nous conservons précieusement le journal historique de la maladie et de la mort de Louis treize dressé par le sieur Anthoine notre père, garçon ordinaire de la Chambre de ce prince, et ensuite de celle du feu Roy. Les copies s'en sont multipliées et nous n'avons pu en refuser aux plus grands Seigneurs de la Cour qui dans le temps nous les ont demandées [1].

Notre premier dessein étoit de suivre leurs exemples dans cette relation et d'en communiquer seulement des copies a ceux qui nous en demanderoient, sans neanmoins la rendre publique, mais plusieurs de nos amis l'ayant lue, elle leur a paru si interressante qu'ils nous

---

1. Nous nous sommes proposé exclusivement, nous le répétous, de donner au public un document peu connu et qui nous paraît d'un haut intérêt. Nous avons donc pris le parti de reproduire rigoureusement le texte de notre manuscrit avec ses variations d'orthographe, ses négligences et ses quelques erreurs de nom que le lecteur rectifiera de lui-même.

ont prié et conseillé de la faire imprimer. Nous y avons acquiéscé et nous espérons que le public ne nous scaura pas mauvais gré d'avoir suivi leurs sentiments.

Et en effet si rien n'est plus interressant pour une famille que les derniers moments d'un père qui meurt, rien de plus touchant que ses sentiments, rien de plus instructif et de plus penetrant que ses dernières volontés, quel effet ne doivent pas produire sur les sujets de tout un Royaume les dernières parolles et les derniers sentiments d'un Roy, tel que celuy que la France vient de perdre aussy nobles, aussy tendres et aussy chrétiens que ceux dont nous avons été les tristes temoins.

Si ceux qui n'approchoient pas Louis 14 et qui ne luy appartenoient qu'en qualité de sujets ont perdu dans ce prince un grand Roy, nous qui avons toujours eu l'honneur d'être les officiers de sa chambre depuis plus d'un siecle, et qui approchions de plus près de sa personne Royalle, nous pouvons dire que nous avons perdu un grand Roy et un bon Maître.

Pouvons-nous moins faire pour marquer notre reconnaissance de ses bontés a notre égard que de transmettre à la postérité la manière héroïque dont il a couronné tous ses glorieux travaux. Incapables de faire connoître nos sentiments sur sa mort dans toute leur véracité, nous faisons connoître les siens et comme selon l'Ecclésiastique, l'homme a sa mort paroît tel qu'il est, en representant au naturel Louis mourant nous representons au naturel Louis le Grand, le héros, le conquerant, le pacifique, nous representons Louis le plus zelé de nos Roys pour la religion catholique, pour l'étendre, pour la soutenir, enfin nous réprésentons un Roy très chrétien et véritablement le fils aîné de l'Eglise.

C'est ce devoir et cette reconnoissance envers ce grand Prince qui nous a principalement déterminé a suivre les sentimens de nos amis, a vouloir rendre au public ce que depuis quelques années nous gardions dans le secret pour notre propre consolation, et pour celle tout au plus de quelques particuliers.

Notre intention d'abord avoit été de finir notre journal au premier septembre 1715, jour de la mort de ce grand Roy mais après y avoir meurement reflechy nous avons cru que l'ayant conduit au tombeau en personne et baigné de nos larmes, il étoit juste encore de l'y conduire dans notre relation.

Cela nous a engagé pour suivre l'esprit de notre journal et remplir le vuide qui se trouvoit depuis ce jour jusquau 23 octobre jour des obsèques, de raporter ce qui s'est passé de plus considerable a la cour pendant ce temps, soit pour decerner la Regence à S. A. R. Monsieur le duc d'Orléans, soit pour conduire Louis 15 au chateau de Vincennes, soit pour le recoñoître publiquement Roy de France et de Navarre tenant son lit de justice dans le parlement de Paris.

Dans tout ce qui regarde Louis 14 : depuis le jour de St Laurent 10 aoust premier jour de sa maladie jusquau 23 8bre, jour de l'enterrement nous ne rapportons que ce que nous avons vu et entendu, pour tout le reste, nous avons exactement suivy les memoires de personnes equitables, eclairées, et présentes aux faits que nous rapportons. Ces mémoires nous ayant même fourni une partie des harangues et discours qui ont été prononcés dans ces occasions, nous avons cru en les inserant dans ce journal relever par ces pièces d'éloquence le stile simple et famillier de notre relation et la rendre par la plus curieuse et plus interressante.

Le portrait du Roy et le sonnet qui l'accompagne aussy bien que les epitaphes sont d'un autheur qui nous est inconnu, ces pièces que des connoisseurs ont trouvées bonnes nous sont tombées par hazard entre les mains.

Le public doit icy nous rendre justice et être persuadé quen luy communiquant ce petit ouvrage, notre intention n'a été que de luy plaire et de luy inspirer s'il ne la pas déja nos justes sentimens d'estime et de vencration pour le plus grand Roy qui ait jamais monté sur le trône des françois, trop heureux si ne pouvant plus nous employer póur son service, nous contribuons, autant qu'il est en nous, a eterniser sa glorieuse memoire.

JOURNAL HISTORIQUE

OU RÉCIT FIDEL

DE CE QUI S'EST PASSÉ DE PLUS CONSIDÉRABLE

PENDANT LA MALADIE ET LA MORT DE LOUIS XIV

ROY DE FRANCE ET DE NAVARRE

Louis quatorze étoit à Marly lorqu'il se sentit attaqué de la maladie qui a terminé le plus long regne dont l'histoire de tous les temps et de toutes les nations ait jamais fait mention et dont les grands évenements projettés et exécutés sous la conduite de ce prince luy avoient merité le surnom de grand.

Ce monarque se retiroit de temps en temps dans cette agréable solitude pour y goûter les plaisirs de la vie privée et se délasser des fatigues du gouvernement en se dérobant aux embarras, et au bruit d'une cour la plus nombreuse et la plus superbe du monde.

Il en avait projetté le dessein vers l'année 1679 et avait choisy pour cela un espèce de désert entre St Germain en laye et Versailles, ou quelques

sources d'eau vive qu'il remarqua dans un petit val-
lon dont l'aspect étoit tout charmant le déterminerent
à y bâtir un Palais, aussy singulier dans son espece
qu'il étoit commode et délicieux. Il en confia la conduite au sieur Mansard son premier architecte, qui
par sa capacité parvint ensuite a la charge de surintendant des batiments de sa Majesté.

Rien ne fut epargné pour embellir un séjour destiné au delassement d'un si grand prince. Les jardins
ou le fameux Lenautre avoit épuisé son genie ne parurent pas assez animés par les eaux abondantes que
le fond du lieu produisoit, on y fit conduire celle de
la Seine qu'une machine étonnante éleve au dessus
d'une montagne et d'une tour haute de plus de
120 toises pour de la être portées sur un aqueduc
digne du siècle des anciens Romains, dans les jardins de
ce palais enchanté, où l'on a rassemblé tout ce que la
peinture et la sculpture peuvent former de plus achevé.

Outre ces beautés ou l'art et la nature sembloient
disputer le prix de la satisfaction de ce grand monarque Louis 14 avoit trouvé le secret inconnu jusqua
luy de se défaire de la présence et de l'importunité
des facheux. Il n'entroit dans ce charmant séjour que
les seigneurs et les dames a qui il faisoit l'honneur de
les inviter et avec lesquels il vivoit dans une familia-
rité que la majesté ne permet pas au public. Les officiers même necessaires au service etoient nommés par
le Roy. Enfin comme on avoit rassemblé dans ce lieu

tout ce qui étoit capable de charmer les sens, on avoit pris soin d'en éloigner tout ce qui pouroit chagriner l'esprit.

Il y avoit déja quelques mois que le Roy, qui commencoit a gouter les douceurs de la paix qu'il avoit achetée par tant de travaux, de dépence et de sang s'etoit retiré dans son aimable solitude; lorsque frappé d'une débilité d'estomac dont il avoit déja auparavant ressenti quelques atteintes il commença aussy bien que Salomon d'éprouver que tout ce qui est en ce monde n'est que vanité.

Cette incomodité l'attaqua le samedi 10 Août 1715 fête de St Laurent après diné, d'une manière plus violente que l'ordinaire. M. Fagon premier medecin de sa Majesté envoya aussitôt le S. Anthoine l'un des garçons de la chambre du Roy, a l'apoticaire dire que l'on apportât du *Carabé* dont le Roy n'eut pas plutôt pris une dosse qu'il se sentit considérablement soulagé, et peu après se trouva en état de sortir pour prendre lair, et voir poser des statues de marbre blanc qu'il avoit fait apporter depuis peu de Rome pour l'ornement de ses Jardins.

Il monta pour cet effet dans sa chaise roulante suivi de M. le Duc d'Antin pour lors directeur General des batiments de sa Majesté et depuis surintendant des batiments arts et manufactures de france pour prendre le divertissement de la promenade, et voir en passant la disposition et l'effet de ces figures.

Cet exercice l'occupa jusqua six heures du soir qu'il partit pour Versailles ou il crut être plus comodement au cas que son indisposition augmentat.

En arrivant a Versailles il entra chez Madame de Maintenon, dont l'appartement étoit de plein pied a celuy de sa majesté pour se reposer et éviter la foulle des courtisans : Il y demeura jusqua dix heures qu'il se rendit dans son appartement ou il avoit fait servir le soupé a son grand couvert, il y mengea en public avec les princes et les princesses du sang, a son ordinaire, mais comme son indisposition luy avoit causé du dégout il mengea peu et le soupé fut très court. Il s'y trouva cependant une foulle incroyable de personnes de toute qualité, que le zele, la politique, ou la curiosité y avoient attirés sur le bruit qui s'étoit répandu de l'accident qui étoit arrivé a Marly.

Après soupé le Roy entra dans son cabinet ou les princesses se trouvoient tous les jours a la même heure pour entretenir sa Majesté. Elle y demeura jusqua 11 heures, quelle rentra dans sa chambre pour faire ses prières et se mettre au lit.

Cette nuit, qui fut celle du Samedi au Dimanche 11 Août et la 2ᵉ de la maladie du Roy ne fut pas plus favorable il la passa dans l'insomnie, et des inquiétudes facheuses causées par une ardeur dévorante, qui l'obligea toute la nuit a boire.

Sa Majesté se leva neanmoins en public sur les huit heures et demye a son ordinaire et etant habillée elle fut entendre la messe dans la Tribune de la Chapelle du Château ; elle tint ensuite son conseil de finances qui dura jusqu'a 1 heure après midy, quelle s'en vint a table a son petit couvert pour diner ; elle mangea peu, et M. Fagon luy ayant dit, votre Majesté Sire m'a parue degoutée le Roy repondit je suis d'un grand dégout, je crois que c'est la mauvaise nuit que jay passée qui me le cause.

Tout ce jour là le Roy se sentit foible, et, ne se trouvant pas en état de sortir, il ordonna a M. Blouin gouverneur de Versailles de contremander les équipages de chasse que sa Majesté avoit commandés et d'avertir le prince Charles de Loraine Grand Écuyer de France, M. le marquis Beringhem premier Écuyer de la petitte ecurie et le Sr Antoine porte arquebuze quelle avoit changé lordre quelle leur avoit donné pour aller a la chasse dans le Parc, que son indisposition ne lui permettoit pas d'aller a cheval.

Sa Majesté employa le temps, quelle avoit destiné pour la Chasse, a tenir conseil avec M. Pelletier ministre pour les fortifications des places de guerre. Le conseil dura jusqu'a 4 heures après lesquelles elle en tint un second chez Mme de Maintenon avec M. Voisin Chancellier de France et Ministre et Secretaire d'état pour la guerre, avec lequel elle travailla jusqu'a dix heures.

Alors le Roy vint souper en public a son grand couvert, il avoit le visage pâle et abattu, on jugea par la de son indisposition et on commença d'en craindre les suites.

Il ne laissa pas de passer dans son cabinet avec les princes et les princesses a l'ordinaire, ce délassement luy faisoit plaisir, puisque c'étoit presque le seul temps qu'il eût pour s'entretenir avec sa famille il y demeura jusqu'a onze heures et demye, qu'il rentra dans sa chambre, fit ses prières et se coucha.

Cette nuit du 11 au 12 du mois et 3me de la maladie fut plus tranquille que la precedente. Le Roy reposa assez bien ce qui détermina M. Fagon de l'avis de M. Boudin medecin ordinaire à le purger, d'autant plus que c'étoit le jour que sa Majesté avoit coultume de prendre medecine tous les mois, ils ne lui donnerent que la moitié de la dosse ordinaire qui fut pourtant suffisante pour faire une grande évacuation et luy procurer un soulagement considérable.

Le Roy entendit ce jour la la messe dans son lit et y dîna, et comme il se trouvoit soulagé il ordonna a M. le Duc de Tresme premier Gentilhomme de la chambre en année de service de faire entrer toutes les personnes de qualité qui se presenteroient et que cela luy feroit plaisir.

Il entra aussitôt bon nombre de personnes et seigneurs qui faisoient paroitre sur leur visage la joye de trouver le Roy en meilleure disposition que l'on ne disoit dans la cour. Le diné fut long a cause des entretiens que Sa Majesté eut familièrement avec

M. le Duc d'Antin directeur général des Batiments qui avoit tourné la conversation sur cette matière toujours agréable a ce grand prince dont les édifices et les jardins avoient toujours eté une des plus fortes passions.

Sur les 4 heures le Roy se trouvant soulagé par l'effet de la medecine se leva et travailla seul avec M. de Pontchartrain secretaire d'état pour la maison du Roy et la marine, jusqua six heures qu'il passa dans l'appartement de Madame de Maintenon, ou il demeura jusqu'a dix heures; il alla souper en public avec les princes dans son appartement, il demeura peu de temps a table ny mangea, presque point, et dit en se levant a M. de Livry premier M^c d'hôtel et a M. Fagon je nay rien trouvé de bon en tout ce qu'on a servi il faut que j'aye un grand dégoût; il ne laissa pas de passer dans le cabinet avec les princes, et de s'entretenir avec eux presque jusqua minuit, qu'il rentra dans sa chambre pour se coucher.

L'esperance que l'on avoit conçue ce jour la fut bien changée, le lendemain mardy 13 du mois et le 4me de la maladie du Roy, pendant toute la nuit il retomba dans ses inquietudes il sentoit dans ses entrailles un feu qu'il ne pouvoit éteindre quoiqu'à chaque moment il fit lever le S. de Chancenay, premier valet de chambre et les Sts Binet et Bazire garçons de la chambre pour luy donner à boire;

sans pouvoir le désaltérer ; enfin étant un peu assoupi sur le matin il dit, en s'eveillant, qu'il avoit beaucoup souffert toute la nuit.

Les medecins commencèrent icy a mal augurer de cette maladie et M. Blouin premier valet de chambre fort consideré de Sa Majesté, dit assez haut même, que tout le monde avoit bien peur que cette maladie ne devint très sérieuse, et qu'il seroit bien a propos de faire venir les plus habiles medecins de la faculté de Paris pour conférer avec eux que l'on ne pouvoit prendre trop de precaution en pareille occasion.

M. Fagon, qui etoit sans doute homme d'esprit et habille mais fort attaché a ses sentimens, deffaut assez ordinaire aux personnes de sa profession, ne gouta pas d'abord cette proposition cependant, reflection faite, il s'y rendit, et l'on envoya un exprès pour les faire venir.

Cependant le Roy se leva à 8 heures et demye a l'ordinaire, prit de l'eau de sauge dont il usoit depuis quelques temps, entendit la messe, ou assisterent plusieurs Princes et Seigneurs, grands et petits officiers qui temoignoient par leur contenance l'inquietude qu'ils avoient de l'etat ou le Roy s'etoit trouvé la nuit precedente.

Sa Majesté tint ensuite avec Mrs Voisin et Desmarets Controleur Général, son conseil des finances, l'espace d'une heure, et M. Voisin retiré, le Roy resta seul avec M. Desmaret pour luy donner des ordres particuliers sur le fait de sa charge, ce que Sa Majesté faisoit ordinairement pour le conseil.

Il ne parut pas que cette application au travail eut incommodé le Roy au contraire, il se mit a table pour diner avec un meilleur visage et mangea mieux qu'il n'avoit fait les jours precedens, il le temoigna luy même, disant qu'il avoit trouvé bon tout ce qu'on luy avoit servi.

Sa Majesté fut suivie en sortant de table d'un nombre prodigieux de Seigneurs et d'officiers de toute qualité ; nous remarquâmes, outre M. le Duc d'Orleans et M. le Duc, MM. les princes de Conty et de Charolois, Mrs le duc du Maine et comte de Toulouze, les 4 premiers Gentilhommes de la chambre, qui sont Mrs les ducs de Tresme, d'Aumont, de la Trimouille, et de Mortemart, Mrs les Ducs de la Rochefoucault Grand-Maître de la Garde Robbe, et d'Antins, M. de Maillebois, et de Rouvré, Me de la garde robbe, M. le maréchal de Villeroy, M. d'Armagnac grand Ecuyer de France, les principaux ministres et plusieurs autres personnes de distinction.

Comme chacun s'empressoit de faire sa cour au Roy, et que le prince y repondoit, on remarquoit une satisfaction réciproque, chacun se flattant de voir un heureux evenement d'une maladie qui sembloit diminuer visiblement.

Mais ¡hélas que les espérances sont vaines ! On passa dans cette agréable illusion jusqu'a 6 heures que le Roy quittant la compagnie pour aller chez Mme de Maintenon, se sentit attaqué d'une si vive douleur en la jambe gauche qu'a peine pouvoit-il s'appuyer dessus pour marcher.

Voici donc une grande surprise et de nouvelles inquietudes; les médecins seuls n'en parurent point fort allarmés, ils crurent que ce n'étoit que quelque fluxion sans consequence. Le mal cependant augmenta tellement en peu d'heures qu'il fallut courir au secours.

Mme de Maintenon chez qui étoit le Roy envoya promptement chercher M. Marechal premier chirurgien du Roy, l'un des plus habiles du royaume dans sa profession. Il visita attentivement la jambe du Roy en présence de M. Fagon : ces M^rs ne trouverent qu'une petite rougeur au dessous de la jartiere, sur laquelle, M. Maréchal fit des frictions, avec des linges chauds qui appaisèrent un peu la douleur.

Sur les dix heures le Roy repassa dans son appartement pour souper, il ne mangea presque point et but plusieurs grands coups d'eau rougie, ce qui fut applaudi de ses medecins entêtés de luy faire boire beaucoup d'eau.

Le Roy de retour dans son cabinet fut attaqué une seconde fois de la même douleur et si vivement qu'il fut obligé de rompre la conversation pour venir se coucher au plutôt.

Il fut resolu, au coucher du Roy, que M. le

1ᵉʳ medecin coucheroit dans la chambre du Roy avec M. de Chancenay premier valet de chambre du quartier et que Mᵣ Boudin medecin ordinaire, Maréchal premier chirurgien et Biot apoticaire coucheroient dans le cabinet avec les Sᵣˢ Antoinne et Bazire, garçons de la chambre pour être plus a portée de servir S. M. en cas de besoin.

Cette nuit 14 du mois et 5 de la maladie du Roy fut mauvaise, l'alteration prodigieuse de Sa Majesté fit juger que sa maladie devenoit dangereuse, et le redoublement de douleur a la jambe ne luy permit aucun repos, les frequentes frictions qui ne suspendoient ce mal que pour un moment, parurent un remede peu efficace et on n'osoit en tenter d'autres.

Dans cette perplexité arriverent les medecins que l'on avoit mandés de Paris, dont les principaux etoient les sieurs Falconnet et Helvetius; ils saluerent le Roy, luy toucherent le poulx, luy trouverent de la fièvre qui se manifestoit assés par la rougeur et l'inflammation de son visage. S. M. leur dit à haute voix et d'un ton ferme : « Eh bien Messieurs, comment me trouvez vous ? Qu'allez vous me faire ! Je sens bien du mal partout le corps et particulierement à la jambe. » Ils répondirent, « Sire nous allons passer tous ensemble dans le cabinet pour consulter sur les moyens de soulager votre majesté, et d'appaiser les douleurs quelle ressent. »

On ne vit jamais mieux le peu de ressource qu'il y

a dans la medecine : après de longs discours on conclut que le Roy prendroit le lait d'ânesse et peu d'heures après une seconde consultation fit suspendre la résolution de la première sur ce que le mal augmenta l'après-midy.

Le Roy qui navoit pris quun bouillon le matin entendit la messe dans son lit[1], et tint ensuite le Conseil d'Etat avec ses ministres, malgré les douleurs qu'il ressentoit. On ne peut trop admirer l'application de ce grand prince, que la maladie la plus accablante, et les douleurs les plus aiguës n'empecherent point de vaquer aux affaires de son royaume jusquau dernier jour de la vie comme nous le verrons cy après.

L'heure du diné étant venue, le Roy se leva et fut servi a son petit couvert, il ne mangea que dune

---

1. Les Anthoine prétendent que le roi entendit la messe dans son lit. Saint-Simon prétend, au contraire, que ce jour-là il se fit porter à la messe, pour la dernière fois, « tint conseil d'État, mangea gras, et eut grande musique chez Mme de Maintenon ». Le 15, au contraire, Saint-Simon soutient qu'il entendit la messe dans son lit, tandis que les Anthoine soutiennent qu'il se rendit à la chapelle. Ces contradictions à coup sûr sont de bien mince importance, mais elles montrent combien peuvent se tromper des hommes qui cependant avaient alors les yeux constamment fixés sur le grand acteur qui allait disparaître de la scène du monde.

Même observation à la date du 19. « Le lundi 19, dit Saint-Simon, le roi travailla avec Pontchartrain, et eut petite musique chez Mme de Maintenon. » Nous voyons cependant que les Anthoine affirment que la visite du 16 août fut la dernière visite que le roi rendit à Mme de Maintenon.

panade avec degoût, ainsy le diné fut fort court, et il s'y trouva peu de monde, hors les officiers de service; sur la fin arriva Mme de Maintenon inquiette de la santé du Roy quoiqu'à toute heure elle envoyât quelqu'nes de ses demoiselles pour s'en informer, elle s'entretint quelque temps avec le Roy qui étoit triste et abattu, et peu après comme elle ne pouvoit plus cacher sa douleur elle prit congé et rentra dans son appartement les yeux baignés de larmes.

Après diné, le Roy croyant être plus en repos dans son cabinet, s'y fit rouler dans son fauteuil, parcequ'il ne pouvoit plus se soutenir sur sa jambe, ny trouver de situation commode, encore moins de remede capable d'adoucir ses douleurs ; ainsy se passa tout le jour jusquau soupé qu'il fit faire un peu de panade et de gelée, tout autre nouriture luy étant devenue insuportable.

Cette indisposition obligea M. Fagon de representer au Roy qu'il etoit a propos que S. M. ordonnat a M. le Mis de Livry de commander quelques officiers de la bouche et du gobelet pour coucher dans l'antichambre en cas que l'on eut besoin de leurs services pendant la nuit, ce qui fut executé[1].

---

1. Il est bon, je crois, pour suivre ce récit et comprendre le va-et-vient des visiteurs, d'avoir sous les yeux ce que Saint-Simon appelle la mécanique de l'appartement du roi, depuis qu'il ne sortait plus.

« Toute la cour se tenoit tout le jour dans la galerie. Per-

Comme il est nécessaire que la cour change de lieu de temps en temps, le Roy faisoit tous les ans un voyage a Fontainnebleau pour y prendre le divertissement de la chasse.

Il avoit fixé le voyage au vingt huit du mois mais jugeant bien quil ne seroit pas en état de l'entreprendre, il declara qu'il avoit changé de résolution, afin que personne ne fit de preparatifs inutiles pour ce voyage, qui fut en effet changé en un autre bien plus funeste.

Ce jour la le Roy ne passa point chez Mme de Maintenon comme il avoit coutume de faire, l'excès

sonne ne s'arretoit dans l'antichambre la plus proche de sa chambre, que les valets familiers et la pharmacie, qui y faisoient chauffer ce qui étoit nécessaire; on y passoit seulement, et vite, d'une porte à l'autre. Les entrées passoient dans les cabinets par la porte de glace qui y donnoit de la galerie, qui etoit toujours fermée, et qui ne s'ouvroit que lorsqu'on y grattoit, et se refermoit à l'instant. Les ministres et les secretaires d'Etat y entroient aussi, et tous se tenoient dans le cabinet qui joignoit la galerie. Les princes du sang, ni les princesses filles du Roi n'entroient pas plus avant, à moins que le Roy ne les demandât, ce qui n'arrivoit guère. Le maréchal de Villeroy, le chancelier, les deux bâtards, M. le duc d'Orléans, le P. Téllier, le curé de la paroisse, et quand Maréchal, Fagon et les premiers valets de chambre n'étoient pas dans la chambre, se tenoient dans le cabinet du conseil, qui est entre la chambre du Roi et cet autre cabinet ou étoient les princes et princesses du sang, les entrées et les ministres.

« Le duc de Tresmes, premier gentilhomme de la chambre en année, se tenoit sur la porte, entre les deux cabinets, qui demeuroit ouverte, et n'entroit dans la chambre du Roi que pour les moments de son service absolument necessaire. Dans tout le jour de son mal ne luy permit pas, il voulut cependant se faire voir pendant le soupé et ordonna à M. le Duc de Tresme d'y laisser entrer tous ceux qui le souhaiteroient; cet ordre donna un instant de joye à ceux qui etoient dans les appartemens, mais leur joye fut bientôt changée en tristesse, lorsquils virent le grand prince si abbatu et si changé ; il étoit difficile qu'il fût autrement, puisqu'il ne prenoit plus de nouriture.

Après le soupé qui ne fut quune pure ceremonie, le Roy se fit rouler dans son cabinet pour voir les princes qui l'y attendoient, il n'y demeura pas long-

personne n'entroit dans la chambre du Roi que par le cabinet dn conseil, excepté ses valets interieurs ou de la pharmacie qui demeuroient dans la première antichambre, Mme de Maintenon et les dames familières, et pour le diner et le souper, le service et les courtisans qu'on y laissoit entrer. M. le duc d'Orleans se mesuroit fort a n'entrer dans la chambre qu'une fois ou deux le jour au plus, un instant, lorsque le duc de Tresme y entroit, et se présentoit un autre instant une fois le jour sur la porte du cabinet du conseil dans la chambre, d'ou le Roi le pouvoit voir de son lit. Il demandoit quelquefois le chancelier, le maréchal de Villeroy, le P. Tellier, rarement quelque ministre, M. du Maine, souvent, peu le comte de Toulouse, point d'autres, ni même les cardinaux de Rohan et de Bissy, qui étoient souvent dans le cabinet où se tenoient les entrées. Quelquefois, lorsqu'il etoit seul avec Mme de Maintenon, il faisoit appeler le maréchal de Villeroy, ou le chancelier, ou tous les deux, et fort souvent le duc du Maine. Madame ni Mme la duchesse de Berry n'alloient point dans ces cabinets et ne voyoient presque jamais le Roi dans cette maladie et si elles y alloient, c'étoit par les antichambres et ressortoient à l'instant. »

temps, les douleurs l'obligerent de repasser dans sa chambre pour se coucher après avoir donné lordre pour le lever du lendemain.

C'étoit le jeudy 15 du mois d'Aoùt fête de l'Assomption de la Vierge et le Six^{eme} de la maladie du Roy, on eut esperance de sa guerison, Sa M. ayant passé la nuit asséz tranquillement quoique la fièvre ne l'eut point quitté et quil eut toujours ressenti une fièvre ardente et de grandes douleurs a la jambe, moins cependant que les jours precedents.

Comme le Prince avoit une dévotion particulière a la Ste Vierge, et parceque ce jour étoit l'anniversaire du vœu de feu Louis 13, son auguste pere, il temoigna quil auroit bien desiré faire ses devotions mais la foiblesse ou il se trouvoit luy fit remettre cette sainte action au Dimanche suivant, espèrant que Dieu luy en donneroit la force profitant, cependant, du peu quil en avoit, il se leva en public et après avoir pris un bouillon, il se fit porter dans la Tribune de la chapelle, ou il entendit la messe avec une piété édifiante.

On ne croyoit pas dans Versailles quil fut en etat de paroitre en public, c'est pourquoy sa vue causa une si grande surprise que l'on entendoit de toutes parts que des cris Vive le Roy, que Dieu nous le conserve et autres aclamations.

Au retour de la messe, le Roy qui etoit bien aise de se faire voir passa par la Galerie, qui etoit rem-

plie d'une si grande foulle quil eut bien de la peine
a y trouver passage, chacun s'empressoit de voir
celuy quil avoit cru dans un etat bien plus perilleux
et quil s'imaginoit être alors en etat de convalescence.

Le Roy rentré dans son appartement, dina a son
petit couvert, mangea peu, but beaucoup. Son alteration continuant toujours, il s'enferma peu après
seul avec le père Le Tellier jesuite son confesseur
pour arrêter la feuille des benefices vacants. La nomination cependant ne s'en fit point nonobstant les
instances que le Père le Tellier luy en fit et quil
réitera a diverses reprises pendant le cours de la maladie de Sa Majesté, qui fatiguée des pressantes sol-
licitations de ce jesuite se trouva obligée de luy
dire : « Mon père je me trouve deja assez accablé de
tant de nominations de benefices que jay faites pendant mon regne, je crains bien d'avoir été trompé
au choix des sujets que l'on ma indiqués, dont il me
faudra peut-être bientôt rendre compte au jugement
de dieu; pourquoy vouléz vous encore me charger
de cette nomination? Nous pouvons attendre quelques jours pour choisir a loisir de bons sujets, si
Dieu me fait la grâce de revenir de cette maladie. »
Quel avantage pour l'Eglise si un prince si sage, et si
bien intentionné eut donné la confiance a des gens
qui en eussent aimé la paix, nous ne la verrions
pas aujourdhui dans la combustion ou il la laissée
en mourant.

Je reviens au Roy, il sembloit que l'amour de ses sujets luy avoit rendu sa santé, il mangea assez bien a diné et trouva fort bons plusieurs petits ragouts qu'on lui servit, et se sentit de force pour se faire reporter a la Tribune de sa chapelle ou il entendit les Vespres chantés par la musique.

On peut dire que ce jour donna une grande esperance de la guerison du Roy, on lui trouvoit plus de force, plus d'appetit, meilleur visage, moins de douleur, et une humeur assés gaye, qu'il soutint dans la conversation de plusieurs personnes de distinction qui eurent l'honneur de demeurer auprès de luy jusqua l'heure de son soupé qui fut fort court, ayant souhaité de se coucher plutôt que de coutume qui fut sur les dix heures.

La nuit du 16 du mois et 7 de la maladie les douleurs de la jambe, qu'on regardoit alors comme le plus grand mal du Roy, s'étant beaucoup adoucies, il le témoigna luy-même en s'eveillant, et dit qu'il avoit eu une sueur extraordinaire.

Les Srs de Chancenay et Marechal avec les garçons de la Chambre eurent bien de la peine a tirer le Roy de son lit et le mettre dans son fauteuil pour l'essuyer et changer de linge, parceque le moindre mouvement augmentoit sa douleur.

On le trouva baigné dans la sueur qui avoit été si ample que les matelas en avoient été traversés; elle n'etoit pas critique, il y avoit plusieurs années que le prince y etoit sujet même de jour, lorsqu'il se fatiguoit un peu a la chasse; on etoit obligé de le changer et essuyer tous les matins aprés quoy on le remettoit au lit pour quelques minutes, ou il faisoit sa prière en attendant l'heure de se lever en public, ce que l'on appelloit le grand lever, et qui se faisoit sur les neuf heures.

On a cru avec beaucoup d'apparence que le regime qu'on faisoit observer au Roy de boire deux grands verres d'eau aprés les sueurs et avant de le mettre au lit auroit bien pu contribuer a sa maladie en luy affoiblissant l'estomac surtout dans un âge deja avancé. Sa M. s'en apperçut et en convint sur la fin de sa vie mais le mal etoit sans remede.

Sa Majesté remise au lit entendit la messe et tint ensuite le conseil d'État qui dura jusqu'a l'heure du diné; alors on le leva avec plus de peine que la première fois, parceque ses douleurs etoient universelles et beaucoup augmentées. Il fallut pour en venir a bout le prendre par toutes les parties du corps pour le mettre dans son siege.

Pendant cette douloureuse manœuvre arriva M. D'Orleans, accompagné de M^{rs} le Duc de Conty, duc du Maine et comte de Toulouze pour rendre visite au Roy, ce qu'ils faisoient tous les jours. Le Roi les ayant apperçus, leur dit « vous avés vu Messieurs les belles ceremonies qu'il a falu pour me lever. Je suis bien a plaindre, mais il faut bien le vouloir, puisque c'est la volonté du Seigneur que je sois reduit en cet etat. » Les princes lui ayant temoigné combien ils etoient touchés des peines qu'il souffroit, il s'apperçut que M^rs le duc du Maine et comte de Toulouze etoient en habit de chasse, il les congédia en disant : allez à la chasse M^rs, ne perdez point le temps qui est très beau.

Cependant il etoit tellement abbatu qu'il ne put demeurer que fort peu de temps sur son siège et il fallut luy faire souffrir une troisieme fois les mêmes douleurs pour le remettre au lit, la on luy servit a diner les mêmes metz de panade et de gelée, les seuls qu'il put supporter.

Pendant qu'il mangeoit il donna ordre a M. le duc de Tresme de laisser entrer avec les officiers de service tous ceux qui souhaiteroient le voir, il demeura en spectacle pendant quelque temps, après quoy il se fit lever encore une fois et porter chez Mme de Maintenon, comme pour être un peu plus en repos, il y passa l'après midy a entendre chanter des motets et des airs Italiens par des musiciens choisis que l'on avoit fait venir pour le divertir.

Ce fut la derniere visite dont le Roy honora cette dame, il n'en sortit que pour souper, la ceremonie en fut courte ayant été obligé de se mettre au lit plutôt que de coutume sans aller dans le cabinet avec les princes.

Le Roy avoit voulu surmonter le mal par tous les

mouvements quil s'etoit donnés, il en ressentit les effets la nuit suivante qui fut celle du Samedy 17me du
mois et le 8me de la maladie par des douleurs aigues
une soif ardente et des sueurs extraordinaires qui ne
luy donnerent aucun repos, on pansa sa jambe sans
luy donner aucun soulagement, il ne trouvoit point
de situation commode, il se faisoit lever et recoucher
à tout instant, et passa dans des agitations conti-
nuelles jusqua l'heure de la messe quil entendit
dans son lit.

Il ne laissa pas de donner plusieurs ordres a
Mrs de Torcy, Pontchartrain La Vrillère; et Voisin
secretaires d'état.

L'application de ce grand prince au millieu de la
plus grande infirmité etoit etonnante, après avoir
pris un peu de panade il tint conseil d'Etat; il fut
a la verité asses court, par la deference qu'il eût
pour ses Ministres qui l'en prièrent pour le menager
un peu.

Sa Majesté se mit ensuite a table en robbe de
chambre ou elle mangea de la panade et de la gelée,
au même temps les douleurs de la jambe augmenterent. Elle se remit au lit, fit appeller M. Marechal
pour panser son mal qui ayant été estimé jusques
la peu considerable parut alors très dangereux. Les
medecins dirent qu'il falloit y faire plus d'attention
et cependant ny appliquèrent aucun remede.

Le Roy demeura au lit jusquau soir recevant

quelques visites, une entre autres de M. le Duc d'Antin qui entretint Sa Majesté de ses batimens et jardins, où elle parut encore prendre quelque plaisir.

L'heure de souper etant venüe, le Roy se fit lever, mangea peu de ses metz ordinaires auxquels on avoit ajouté du gruau par ordre des medecins ; il s'entretint encore quelque temps avec des Seigneurs de la cour les ayant congédié, il ne resta que les officiers, domestiques dans sa chambre pour le service.

Les maux que ce prince souffroit augmenterent visiblement le dimanche 18 aout et 9me de la maladie. Sa Majesté avoit passé toute la nuit dans un grand abbatement, et elle ne permit l'entrée de sa chambre que sur les 10 heures que fatiguée du lit et des sueurs, elle voulut se lever pour changer de linge, elle ne demeura qu'un quart d'heure dans son fauteuil, la foiblesse l'obligea de se remettre au lit. Les Srs de Chancenay et Marechal aidés des Srs Binet Antoinne et Bazire garçon de la chambre ly reporterent et ne purent luy rendre ce service sans luy causer d'extrêmes douleurs, tant son corps étoit sensible et affligé.

Monsieur le Duc d'Orleans, M. le Duc du Maine, M. le Comte de Toulouze rendirent alors visite au Roy, les princes furent suivis de M. le prince de Bouillon grand Chambellan, d'Armagnac Grand écuyer, de Villeroy ; des premiers gentilshommes de la chambre du Roy et d'autres personnes qui ont les grandes entrees, la surprise et la tristesse etoient peintes sur leur visage, et la consternation fut generalle parmy les officiers et particulierement les medecins lorsqu'ils virent le Roy dans cet excès de mal qu'ils jugerent pour lors incurable.

Le Roy entendit la messe, prit quelque peu de nourriture, et, sur les 4 heures après midy se fit lever pour se delasser et faire panser sa jambe dont les douleurs augmentoient.

Nonobstant son infirmité, il s'enferma avec M. Pelletier, et travailla avec luy jusqua 7 heures.

Cette application etoit peut-être une des plus grandes marques de courage du Roy qui surmontoit sa foiblesse et ses maux pour se livrer aux affaires de son royaume, car ce n'etoit pas quil se trouvât mieux alors; au contraire la fievre qui le devoroit l'obligea de prendre 6 a 7 grands verres d'eau pendant ce conseil après lequel il demeura triste et abattu sans vouloir voir personne que les officiers de la chambre et garde robbe, il n'y eut point le soir de soupé, mais après avoir pris un bouillon il se remit au lit.

La nuit ne fut pas meilleure que les precedentes. Le Roy n'eut aucun repos, et n'eut que de legeres sueurs qui se dissipoient en un instant, ce qui provenoit de la diminution de ses forces qui n'etoient plus capables de rejetter l'humeur au dehors.

Sur les 7 heures du matin, c'etoit le Samedy 19me et le 10me de la maladie, M. Fagon et le reste de

la faculté étant entré, trouvèrent la fievre fort aug-
mentée, ils entrèrent dans le cabinet pour consulter
s'ils ne trouveroient point quelque remede capable de
soulager le malade, leur lumiere n'alloit point jusques
la; ils continuèrent donc le même régime.

Ils revinrent sur les 10 heures pour voir panser la
jambe du Roy, ils y trouverent un grand changement, elle etoit enflée, et M. le Marechal remarqua
une petite noirceur sur le cou de pied qui luy sembla
de mauvaise augure, il dissimula le jugement qu'il en
portoit et ayant frotté la jambe de linges chauds, le
malade en eut un peu de soulagement.

Ce n'étoit qu'un lenitif qui n'alloit point a la cause
du mal, plus propre a pallier l'embarras des medecins qu'a guerir le malade. Sa Majesté profita de ce
petit relachement pour entendre la messe avec plus
de tranquilité; elle prit ensuite un bouillon, une
panade et d'autres restaurans dont elle se trouva assez bien, elle passa asséz doucement la journée. La
visite des princes qui voyoient quelque petite lueur
d'esperance de santé le contint au même etat jusquau
coucher qui fut public.

Mais la nuit suivante du 19 au 20 du mois et
11me de sa maladie fit disparoître ces esperances. Le
Roy la passa dans des douleurs et dans des agitations
terribles. Les medecins qui vinrent de grand matin, le
trouverent encore en cet etat, et, ayant conferé ensemble, ils proposerent a Sa Majesté un bain d'herbes

aromatiques dans de gros vin de Bourgogne ce qu'il agréa.

Ce Prince n'avoit jamais repugné a tout ce quon luy ordonnoit, jusques là même quil proposa de faire des incisions a sa jambe ou même d'en faire l'amputation si elle etoit jugée necessaire. Étoit-ce amour de la vie ou marque de son intrépidité? On prépara le bain ordonné dans une grande cuvette d'argent qui servoit au Roy a laver ses pieds et Sa Majesté mit sa jambe dedans le bain tout chaud en disant d'un air tranquile à ses medecins, « croyez-vous M^{rs} que ce bain puisse me soulager. J'en ay grand besoin, faites je vous prie tout ce que vous pouréz. »

Elle demeura dans ce bain l'espace d'une bonne heure Mr Marechal la frotta ensuite de linges chauds, ce qui appaisa un peu la douleur et le Roy ayant pris un bouillon fut reporté dans son lit pour prendre un peu de repos.

On a remarqué que Sa M. n'a jamais demandé de bouillon pendant tout le cours de sa maladie, mais très souvent a boire pour eteindre le feu qui le devoroit. Les medecins vinrent ce jour la plus frequemment toucher le poulx de leur malade qui paroissoit plus changé et plus abbatu, dont ils paroissoient aussy plus intrigués, Le Roy le remarqua et sans s'émouvoir, leur dit: « je vois bien M^{rs} par vos manieres que vous me trouvez plus mal. Je suis veritablement bien abbatu, mais comment voudriéz-vous que je fusse autrement, souffrant jour et nuit sans relache, et ne prenant presque point de nouriture depuis le commencement de ma maladie, sans que vous ayez pu me donner de soulagement. » Ils repondirent, « Sire nous y faisons de notre mieux et nous allons encore consulter ensemble sur les remedes que nous pourrons appliquer à votre jambe, qui est votre plus grand mal. » Mais toute leur consultation n'aboutit qu'aux remèdes palliatifs, dont on avoit deja tant de fois eprouvé l'inutilité.

Le Roy tout foible qu'il etoit entendit la Messe avec beaucoup de devotion, et s'enferma ensuite avec le père le Tellier jusqua deux heures il prit après cela un bouillon un peu de panade et de gelée avec un grand dégout. Sa jambe luy donnant un peu de relache l'on remarqua sur son visage une grande serenité et il ordonna a M. le Duc de Tresmes de laisser l'entrée de la chambre libre a tous ceux qui le souhaiteroient voir, que cela luy feroit plaisir.

On n'eut pas plutôt annoncé cette liberté que la chambre fut tellement remplie de monde qu'on ne pouvoit se remuer pour l'empressement que chacun avoit de voir cet auguste malade; la foule dura jusqu'au soir que le Roy ordonna que lon fît retirer tout le monde excepté les grands et petits officiers de la chambre et garde robbe pour faire le service du coucher, quoiquils se relevassent les uns les autres ils etoient extremement fatigués ayant eu bien peu de repos depuis le commencement de la maladie de Sa

Majesté particulièrement les Srs Bontemps Blouin Degambais et Chancénay premiers vallets de chambre qui se rendoient les plus assidus avec les garçons de la chambre.

Le Mercredi matin 21 du mois et le 12me de la maladie du Roy il dit en s'éveillant qu'il s'etoit assez bien trouvé pendant la nuit, que ses douleurs etoient bien diminuées; ce changement fut attribué a la vertu du bain du jour précedent, sa Majesté se leva en robbe de chambre sur les 9 heures assez tranquille, et donna divers ordres a M^{rs} les secretaires d'Etat, c'étoit l'heure quelle avoit coutume de disposer de toutes les actions de la journée et donner les ordres a ses ministres et a ses officiers.

S'étant ensuite mise au lit elle permit l'entrée de sa chambre a tout le monde pendant la messe a laquelle grand monde de toutes les qualités assista.

Ensuite entrerent les medecins, M. Fagon toujours a leur tête, ils luy toucherent le poulx par rang d'antiquité et parurent contents de trouver la fièvre diminuée; elle étoit apparament plus interne car l'alteration continuoit toujours.

Sur les 11 heures le Roy se fit servir à diner dans son lit, ou il y eut un pareil concours de monde avec lequel sa Majesté s'entretint très gracieusement, avec autant de presence d'esprit que si elle n'avoit jamais été malade. Dans ce favorable intervalle arriva M. Nicolaï premier président de la Chambre des comptes de

Paris avec M. de Longueil son parent, fils de M. de
Maisons président a mortier au parlement qui venoit
de mourir, pour demander a Sa Majesté la grace d'oc-
troyer au fils, la charge qu'avoit possedé M. son père
et qui est de temps immemorial dans cette famille,
quoiqu'il n'eut point encore acquis l'age competent
pour l'exercer. Le Roy les ayant recus très favorablement, leur accorda cette grace; ajoutant j'ay toujours
eu beaucoup de consideration pour sa famille.

Après le diner, on fit retirer tout le monde à
la reserve de M. Voisin qui travailla avec le Roy
aux affaires de la guerre jusqua six heures que les
douleurs obligerent Sa Majesté a quitter ce conseil quelle avoit plusieurs fois interompu pour
debander, frotter et rebander sa jambe affligée sans
aucun soulagement. Après ce conseil arriva Mme de
Maintenon et un moment après M^r le Duc d'Orleans,
les princes et autres Seigneurs qui firent au Roy leurs
compliments de condoléance sur ce qu'ils avoient appris que sa Majesté avoit été plus incomodée que la
nuit précédente. Le Roi leur ay^t marqué sa reconnoissance, ajouta : « je n'ay jamais ressenti de si vives douleurs, mais ma plus grande peine est de voir que les
medecins ny les chirurgiens n'ont pu encor trouver
le moyen de me soulager un seul jour. »

Il se fit lever ensuite pour se delasser un peu en
changeant de situation, ce qui ne se put sans luy faire
encore souffrir de grandes douleurs. On le plaça dans

une chaise roulante en robe de chambre, parcequ'on
ne pouvoit plus l'habiller. On posa sa jambe sur un
petit tabouret couvert d'un carreau, et en cet etat on
luy servit a souper sur les 9 a 10 heures. M. le Marechal de Villeroy qui entretint le Roy pendant ce repas
l'excita a prendre quelques petits metz extraordinaires
pour se fortifier, mais le dégout où il etoit ne le luy
permit pas, il se fit ensuite rouler dans son cabinet
pour se divertir un moment avec les princes et princesses qui l'y attendoient, il y demeura près d'une
heure mais les douleurs l'obligèrent de rentrer dans sa
chambre; le S. Maréchal vint le panser et faire les frictions ordinaires a la jambe, comme il les faisoit presque
d'heure en heure, il s'apperçut que le mal augmentoit
dont il donna avis a M. Fagon qui proposa encore au
Roy de faire venir les medecins de la faculté de Paris
pour consulter de nouveau sa maladie, le prince y con-
sentit et au même moment l'ordre fut expédié de se
rendre du matin a Versailles; on remit le Roy au lit
sur les onze heures.

La nuit fut aussy facheuse qu'aucune autre; le Roy
n'eut aucun repos, et souffrit cruellement, les médecins entrèrent de grand matin c'etoit le Jeudy 22 du
mois et le 13me de la maladie, ils resolurent de réiterer
le bain d'herbes, on le prepara on y mit la jambe du
Roy; mais une foiblesse qui luy survint causée a ce
que l'on crut par la vapeur des herbes obligea de le
retirer et le remettre au lit.

Sur les neuf heures arriverent dix medecins de Paris du nombre desquels etoit M. Falconnet Dodart Galin et Gotetard medecins de feu Mme la Dauphine établi a St Germain en laye ou il etoit en estime; ces M^rs s'etant joints aux medecins de la cour furent introduits par M. Fagon et s'etant approchés du lit du Roy avec une profonde reverence, Sa Majesté les prévint d'une manière affable, et leur dit : « vous me voyez M^rs dans un facheux etat de maladie depuis le dix de ce mois sans pouvoir trouver aucun secours, je vous ay mandé pour savoir de vous si vous pouvéz me procurer quelque soulagement aux maux qu'il plait au Seigneur de m'envoyer, ils sont grands mais je my soumets puisque c'est sa volonté. « L'un deux portant la parolle, dit, « Sire nous esperons avec l'aide de Dieu, et des remedes, vous donner du soulagement et que cette maladie ne sera rien, admirable promesse si elle avoit eté suivie de cet effet, mais c'est Dieu qui frappe et qui guerit. » Ces doctes prometteurs tâtèrent le pouix du malade avec ceremonies, les uns après les autres selon leur rang d'antiquité, ils luy trouverent beaucoup de fievre; personne n'en doutoit, la question etoit de la chasser, ils passerent pour cela .dans le cabinet ou chacun d'eux deploya son eloquence pour approuver la conduite des medecins de la Cour, ils conclurent quil falloit executer ce qui avoit eté conclud dans la chambre de consultation du 19me du mois touchant le lait d'anesse et qui avoit eté differé jusques la pour de bonnes raisons que Monsieur Fagon leur allégua et personne ne fut asséz impoly pour contredire; cette ordonnance fut executée sur le champ.

Le Roy prit du lait d'anesse et entendit ensuite la messe ou la curiosité attira autant de monde que la devotion; la paleur et l'abbattement qui paroissoit sur le visage de Sa Majesté sembloit la communiquer aux spectateurs; cependant une heure après ce courageux malade se fit tirer du lit avec de nouvelles peines, se fit servir a dîner et dit a M. le duc de Tresmes qui le servoit de faire entrer tout le monde que cela luy feroit toujours plaisir.

Parmy la foule des courtisans le Roy ayant distingué De Même premier président du Parlement de Paris, luy dit, « M. vous me voyés bien incomodé et bien souffrant, vous venez de perdre un bon sujet dans votre compagnie et moy aussy par la mort de M. Desmaisons, c'etoit un parfaittement honnête homme et c'est a sa consideration que jay bien voulu accorder à son fils la charge de président à mortier quil possedoit, quoiquil n'ait pas l'aage pour l'exercer, j'ay cru le devoir faire en consideration de son père et de ses ayeulx qui m'ont bien servi pendant ma minorité. »

M. le premier President repondit « Sire, je suis venu pour en remercier très humblement votre Majesté de la part de toutes les compagnies et chambres de votre Parlement. » M. de Villars maréchal de France qui etoit present fit aussy ses remerciemens au Roy en qualité de beau frere de feu M. Desmaisons ces deux Seigneurs ayant épousé les deux filles, seules heritieres de feu M. de Varangeville Ambassadeur.

Après diné le Roy qui se trouvoit un peu mieux se fit porter dans son grand cabinet ou se rendirent les Princes du Sang M. les Marechaux de Villeroy les ducs de la Rochefoucault, de Noailles, d'Antin, d'Armagnac et le Prince Charles son fils, les Mrs de Beringhem, les Ministres et Secretaires d'Etat, et beaucoup de personnes de qualité et d'officiers de sorte que la chambre et le cabinet furent si remplis que l'on ne pouvoit y passer, et l'on apprehendoit que cela n'incomodât sa Majesté, mais le plaisir quelle prenoit a voir l'empressement et l'amour de ses courtisans luy donnoit de la satisfaction et luy faisoit oublier ses douleurs.

Mais enfin elles l'emporterent sur son plaisir et sa constance et l'obligerent a retourner dans sa chambre pour se faire panser, et ayant pris un bouillon le soir, elle congedia tous ceux qui n'etoient point necessaires au service pour prendre un peu de repos, elle en eut un effet cette nuit la qui ne fut interrompu que par la necessité qu'elle eut de boire plusieurs fois.

Sur les 6 h. du matin 23 aout et le 14me de la maladie, M. Fagon s'approcha du lit de sa Majesté tenant une ecuelle pleine de lait d'anesse et dit, « Sire, c'est du lait d'anesse qui faut que votre Majesté prenne presentement, pour luy humecter la poitrine » le

Roy le prit et dit quil le trouvoit bon, se rendormit un moment et s'étant reveillé pour un instant par un sentiment d'un elancement a sa jambe, il se rendormit encor jusqua neuf heures, alors il s'eveilla dans une sueur copieuse, on l'essuya a l'ordinaire avec bien de la peine, son corps cependant etoit sans douleur a l'exception de la jambe, ou elle redoubla; il dit a ses medecins, « M^{rs} comme le bain cy devant qu'on m'a fait m'a soulagé, je crois qu'il ne seroit pas mal a propos de le reïtérer, » on le fit, et S. M. ayant mis sa jambe l'espace d'une demye heure, il fit retirer la cuvette disant cette odeur me monte a la tête si fort que je craindrois quelle me fit tomber en foiblesse.

Ce bain ne laissa pas de suspendre la douleur. Le Roy prit un bouillon et se fit razer par Didault barbier du quartier ; on remarqua que quelque malade que fût ce prince, il ne manquoit point de se faire razer tous les trois jours par propreté.

Au même temps arriverent M. le Duc d'Orleans, Mrs du Maine et de Toulouze, ils converserent quelque temps avec sa Majesté qui voyant les deux derniers en habit de chasse les congedia en leur disant, « adieu Messieurs ne perdez point l'heure de votre chasse, » la complaisance etoit naturelle à ce grand monarque même envers les moindres de ses domestiques.

Après qu'ils furent partis, il se fit remettre au lit après avoir bu deux grands verres d'eau. M. Marechal debanda sa jambe en présence des medecins qui n'ozerent temoigner leur surprise de la voir en si mauvais etat, ils se retirerent pour faire place aux officiers de la Chambre, et de la garde robbe qui entrerent pour lever le Roy, et l'orsquil fut placé dans son fauteuil et quil eut pris un bouillon, ceux qui n'étoient plus necessaires pour le service, sortirent pour faire place a la troupe des medecins qui rentrerent conduits par M. Fagon, ils firent leur reverence de ceremonie et taterent le poulx du malade, selon leur rang d'ancienneté comme la première fois, ils le trouverent elevé et fort agité et pour dire quelque chose ils luy demanderent si le lait d'anesse luy avoit fait du bien, « assez bien, mais point de soulagement a ma jambe » ils dirent qu'ils alloient conferer ensemble, mais après une heure de consultation, ils demeurent a l'ânesse qu'ils chargerent du mauvais succès de leur consultation.

La Chambre s'etoit sensiblement remplie de monde, le Roy le fit retirer, et demeura seul avec le Pere Le Tellier jusqua 11 heures; ce fut apparamment dans ce temps quil fit son 2me Codicille, puisqu'il est datté du 23 aout 1715; il fit ensuite appeller Mme de Maintenon, qui attendoit, elle voulut engager Sa Majesté a prendre quelques nouritures; mais le Roy ne voulut qu'un bouillon, et après quelques moments de conversation cette dame se retira dans son appartement fort affligée.

On ne laissa pas de servir le diné ou le Roy ne mangea presque rien, on fit pourtant encore entrer tout le monde, S. M. etant bien aise de voir les courtisans; la tristesse etoit peinte sur leur visage; ils rappelloient ces jours heureux du plus glorieux reigne que l'on voyoit sans oser le dire se terminer dans les douleurs : on admiroit pourtant cette patience heroique et cette fermeté que ce grand Roy avoit toujours fait paroître dans les divers evenements de la vie et quil soutenoit encore dans un corps epuisé et decharné, objet qui touchoit tout le monde de compassion et particulierement ceux qui avoient l'honneur d'approcher de plus près de sa personne et qui se voyoient à la veille de perdre un si bon maître.

Tout l'après-midy fut violent; les medecins se rendoient assidus, mais sans fruit. « Je suis bien a plaindre, leur dit le Roy, que vous n'ayez pu jusqua present trouver aucun remede aux maux que je sens. » Les medecins le payerent de belles parolles; ils ne pouvoient autre chose; « nous faisons, Sire, ce que nous pouvons mais la maladie de votre Majesté l'emporte sur les remedes; nous esperons cependant, avec la grace de Dieu, d'en trouver de specifiques qui pourront la surmonter. »

Ces parolles tranquilliserent un peu le malade. Il avoit la langue extrêmement seche et le feu du dedans etoit si grand que plus il buvoit plus il sembloit l'embraser. M. Marechal n'etoit occupé qu'a debander la jambe du Roy, la frotter et rebander sans aucun succès et les medecins en revenoient toujours a leur anesse dont le lait etoit sans effet.

Sur les 7 h. du soir le Roy qui a toujours beaucoup aimé la musique, s'avisa pour faire diversion a sa douleur, d'ordonner à M. le duc de Tresmes de faire venir quelques uns de ses Musiciens chanter dans sa Chambre, expedient assez peu en usage, quoiqu'il soit conseillé entre plusieurs autres non moins etranges par le Pere Binet Jesuite dans son livre de Consolation des malades. Je ne pense pas que le Roy eut perdu de temps a lire un livre si grotesque. Je croirois plutôt que Sa M^{té} se ressouvint que, par le son de la harpe, David dissipoit la melancolie de Saül, quoi qu'il en soit, l'effet en fut presque semblable. Le Roy prit plaisir à entendre chanter des airs Italiens depuis 7 heures jusqua 9, et demeura fort tranquile tout ce temps, s'etant fait ensuite lever avec toutes les peines du monde et les douleurs accoutumées il fit servir pour souper ou plutôt pour obéir a la coutume. Jamais Prince ne fut plus uniforme dans son regime de vie ; il prit un peu de gelée ou autre chose semblable et son repas finy, il surprit agréablement des princes qui etoient dans le cabinet lorsqu'ils le virent arriver dans sa chaise roulante, ils ne le croyoient pas en etat de faire ce voyage, aussy ne fut il pas long il rentra bientôt après pour faire ses prières et se mettre au lit.

La nuit suivante du 24 du mois et 15 de la maladie le Roy fut attaqué de vapeurs qui l'incomoderent fort et obligerent M. Fagon a faire assembler toute la medecine tant de la Ville que de la Cour pour consulter sur le nouvel accident.

Dans la consultation quils firent après avoir touché le poulx du malade en céremonie comme ils avoient fait cy devant, ils accuserent l'anesse de ce malheur et la disgracierent sous pretexte que son lait n'avoit pas plus de vertu que leurs raisonnemens.

Mais qu'ordonnerent ils à la place du remede qu'ils rejettoient ? Rien du tout ; ils visiterent seulement la jambe affligée et y observerent une noirceur au dessous de la jarretiere : cétoit une marque de mauvaise augure qui menaçoit de la gangrene ou plutôt qui l'indiquoit, et ils l'enveloperent de linges trampés dans de l'eau de vie canfrée pour y rappeller la chaleur naturelle.

Le Roy entendit ensuite la messe prit un bouillon et malgré les douleurs il tint conseil de finances jusqu'a 11 h. M. Marechal ne laissant pas de faire de temps en temps des frictions a la jambe de Sa Majesté pour moderer les douleurs.

L'heure du diné venue on demanda au Roy l'ordre pour servir, mais il ne voulut quun bouillon. Il fit ensuite appeller M. Desmarest, avec lequel il travailla quelque temps mais la necessité de panser sa jambe ayant interompu ce conseil M. le Marechal de Villeroy qui etoit de ce conseil en qualité de chef fut bien aise de profiter de cette occasion pour voir par luy même la situation de cette jambe malade.

Et le sieur Marechal l'ayant debandée, elle se trouva toute noire jusqu'au pied. Le Roy dit quelle ne luy faisoit plus tant de mal, mais ceux qui etoient présents, particulierement M. le M^al de Villeroy la jugerent incurable et ce Seigneur retourna dans son appartement tout baigné de larmes. Le Roy cependant qui sentoit moins de douleur se fit lever et mettre dans son fauteuil ou il s'entretint de sa maladie avec quelques-uns de ses Officiers les plus considerables et les plus confidents; il etoit extreme-ment triste et inquiet et pour avoir plus de liberté, il ne voulut voir que les officiers de sa chambre et de sa Garde robbe.

Quelque soin que l'on prit de divertir le Roy de sa melancolie on ne reussit cette fois, il jugeoit ap-paramment du peril ou il etoit, car sur les 4 heu-res, il manda le Père le Tellier et s'enferma seul avec luy pour se reconcillier et se disposer a la mort, la nouvelle s'en repandit, et bientôt allarma non seu-lement la Cour, mais encore une infinité de Personnes que la maladie du Roy avoit attiré à Versailles. Sur les huit heures, on recoucha le Roy qui n'avoit pris quun seul bouillon et depuis ce jour la le Père le Tellier ne le quitta plus.

Le lendemain etoit la fête de St Louis [1], Roy de France dont Sa Majesté descendoit, et dont elle portoit le nom, cette fête tomboit au Dimanche 25 d'Aout et le 16me de la maladie; ce jour avoit eté jusques la un jour de joye et de triomphe : ce fut un jour de tristesse et de consternation. Le Roy y recevoit les complimens des Princes et Seigneurs de sa cour, des premiers magistrats des compagnies de la ville, il n'etoit guere en etat de les ecouter et l'on n'en pouvoit pas faire de fort agreables. Il ne s'y refusa pourtant pas et si on en reçut quelque consolation ce fut de voir les grands sentimens de pieté et de resignation quil temoigna, nayant jamais fait

---

1. La journée du 25 août indique le commencement de la période aiguë de la maladie du roi. Tout était fait, d'ailleurs, pour frapper fortement ce jour-là ces courtisans dont les moindres actions du roi occupaient sans cesse la pensée. Dès le matin, le bruit de ces hautbois et de ces violons qui ont accompagné toutes les fêtes de ce règne éclatant, retentit pour célébrer la Saint-Louis, sous les fenêtres du mourant; quelques heures sont à peine écoulées que le Saint-Sacrement arrive, annonçant que la catastrophe est prochaine. Puis, après un entretien avec le duc d'Orléans, que chacun commente à sa manière, on entend cette voix qui jadis parlait si haut pour donner des ordres s'attendrir pour adresser les suprêmes adieux aux plus illustres comme aux plus humbles. C'est sous cette impression et le cœur troublé encore de tant d'émotions, que Dangeau, en rentrant chez lui le soir de cette journée remplie par tant d'événements, commence à minuit le mémoire qui débute par ces mots : « Je sors du plus grand, du plus touchant et du plus héroïque spectacle que les hommes puissent jamais voir. »

paroître plus de fermeté que dans cette triste conjoncture ou les plus forts font souvent voir plus de foiblesse. ·

Sa Majesté qui n'avoit pas bien reposé et fatiguée de tant de visite avoit un grand besoin de repos elle avoit le visage rouge et enflâmé, et les medecins etant venus la visiter, elle leur dit : « Messieurs je vous avertis que je ne sens plus tant de douleur a la jambe que de coutume mais aussy je me sens très foible ; les forces me manquent à tous momens quand je veux un peu me soutenir. » Un chirurgien repondit tout bas, il vaudroit mieux quelle fit encore mal au Roy ; M. Marechal ayant pourtant débandé cette jambe, elle fut trouvée dans un pitoyable etat, car la gangréne l'avoit entièrement gagnée, et c'etoit le propre sujet qui otoit au Roy le sentiment a mesure que le mal augmentoit.

Sur les 10 h. du matin, M. le Duc de Gesvres premier Gentilhomme de la Chambre vint dire au Roy qu'a l'occasion de la fête les hautbois de la chambre, les 24 violons et les musiciens venoient selon l'usage ordinaire donner les aubades a Sa Majesté, qui, quoique malade, ne voulut point interrompre ce qui etoit de coutume et dit quils pouvoient jouer dans l'Antichambre, mais un peu eloigné pour ne luy pas faire de peine.

Ensuite M. le Duc du Maine comme Colonel des Suisses et Grisons, et M. le Duc de Guiche comme

Colonel des gardes françoises demanderent la même permission pour les fifres, et tambours de leur regiment, ceux cy jouèrent dans la cour du chateau sous les fenêtres de l'appartement du Roy qui les ecouta attentivement et leur fit distribuer a chacun un Louis dor comme il se pratiquoit tous les ans.

Après les fanfares guerrieres le Roy entendit la messe avec un redoublement d'attention et devotion toute visible, ayant toujours eté les mains jointes et les yeux elevés au ciel; il souhaita ensuite de se lever pour changer de situation, ce fut avec les peines ordinaires quon luy rendit ce service, et il resta dans son fauteuil ou on luy servit plusieurs petits metz regalants pour exciter son appetit, mais il n'en mangea que très peu et fatigué des ceremonies il fut obligé de se remettre au lit.

Il est assés étonnant que l'on n'eut point encore pensé a disposer le Roy a recevoir les Sts Sacremens, il etoit d'un âge assez avancé pour ne plus compter sur la force de son temperament, une fievre ardente le devoroit depuis plus de 15 jours, il navoit aucunes parties saines sur tout son corps, on voyoit la Gangraine gagner et on le laissoit perir sans songer au plus necessaire. On craint quelquefois d'annoncer cette triste nouvelle a des esprits foibles, mais que craignoit on tant d'un prince qui faisoit paroitre tant de fermeté et de religion ?

Parmy ce nombre innombrable de gens qui faisoit

la cour à Louis 14, il n'y eut que M^r le Marechal de Villeroy qui pensoit au salut de ce prince ; comme il ne sortoit presque point des appartemens du Roy par l'attachement qu'il avoit pour la personne de sa Majesté et qu'il voyoit de plus près le peril ou elle etoit, il s'adressa premierement au Cardinal de Rohan grand Aumonier de France, et ensuite au Père le Tellier et leur dit quil étoit temps de preparer au Roy les Sts Viatiques et même l'Extrême onction, que l'on pouroit bien y être surpris.

Mais la difficulté etoit a qui porteroit cette nouvelle au moribond, cela n'etoit pas du ministère du Marechal de Villeroy, le Cardinal etoit trop courtisan pour s'en charger. Le confesseur ne prit ou n'osa s'en deffendre il le fit, et il parut par la reponse du Roy qu'il y avoit pensé avant tout autre, car le P. Le Tellier ne luy eut pas plutôt demandé, s'il n'auroit pas souhaité de recevoir les Sacremens, qu'il luy fit reponce avec beaucoup de piété : de tout mon cœur mon père, je le souhaite très ardamment, je vous ay temoigné plusieurs fois pendant le cours de ma maladie que je souhaitois avoir cette consolation. Aussy tot le P. le Tellier fit sortir tout le monde de la chambre, et demeura seul avec le Roy pour le preparer a cette action. Sa M^{té} parut ensuite remplie d'une joye interieure qui eclatoit sur son visage, et dans ses parolles, entre plusieurs autres très édifiantes on luy entendit dire celle cy : « hé mon Dieu voulez vous bien encore me faire la grace de venir a moi vous qui etes le Roy des Roys. »

Un moment après M. le Cardinal de Rohan ayant donné les ordres pour cette ceremonie se transporta en la Chapelle du chateau pour prendre le St Sacrement, il etoit environ 7 h. du soir, assisté de deux Aumoniers du Roy dont l'un portoit les Saintes huiles, deux Chapelains portant le Dais et un clerc de la chapelle la sonnette, precedé par six garçons du chateau portant des flambeaux. Apres le St Sacrement marchoit M. Huchón curé de Versailles a la tête des prêtres de la Mission qui desservent la chapelle et la paroisse, et de grand nombre d'Ecclesiastiques de la Cour avec lesquels marchoient les Princes, et les Princesses. Les grands et petits Officiers de la maison du Roy et une grande foule de peuple accoururent a cette ceremonie [1].

Le St Sacrement arrivé dans la chambre du Roy fut posé par M. le Cardinal sur une table magnifiquement parée et s'étant approché du lit de sa Majesté dont les rideaux etoient ouverts, il luy fit une exhortation fort touchante, à laquelle le Roy repondit les yeux elevés vers le Ciel temoignant sa foy et sa parfaite resignation a la volonté de Dieu, il dit ensuite le *Confiteor* les mains jointes ; après quoy M. le Cardinal luy administra les Sts Viatiques et l'Extrême-

---

1. On voit qu'il y a loin de cet important cortège à ce que Saint-Simon appelle « très petit accompagnement ».

Onction quil reçut avec grande demonstration de componction et de pieté, repetant plusieurs fois ces parolles entrecoupées de sanglots et de larmes : Mon Dieu ayez pitié de moy, j'espere en votre misericorde.

Il n'y eut personne qui ne fut attendri a ce spectacle. Les pleurs et les gemissemens retentissoient de tous cotés. La Ceremonie et les prières finies, M. le Cardinal fit une seconde exhortation au Roy sur la grace que Dieu venoit de luy faire, luy donna la Benediction du St Sacrement quil reporta a la Chapelle dans les mêmes ordres quil etoit venu. A cette nouvelle accourut une si grande affluence de peuple que non seulement les appartemens et la cour du Chateau, mais bien les rues et places de Versailles en etoient remplies ; c'etoit une consternation generalle tant ils etoient allarmés du peril ou etoit le Roy[1].

1. Les Anthoine ne font pas mention des quelques lignes ajoutées par le roi à l'issue de la cérémonie, à son 2e codicille. Saint-Simon et Dangeau sont cependant d'accord pour indiquer cette circonstance. « Les princes et plusieurs des grands officiers ont reconduit Notre Seigneur. Dès qu'il a été hors de l'appartement, madame de Maintenon, qui avait été tout l'après-midi dans la chambre du roi, est sortie de l'appartement conduite par le duc de Noailles, et S. M. a en même temps fait apporter sur son lit une petite table et a écrit de sa main quatre ou cinq lignes sur la quatrième page d'un codicille qu'il avait fait et dont les trois premières étaient remplies et il n'y eut pendant ce temps-là dans sa chambre que M. le chancelier, la porte qui donne dans le cabinet du conseil étant demeuré ouverte et les courtisans auprès de la porte en dedans du cabinet. »

Emu luy même de cette ceremonie il souhaita demeurer seul avec le P. le Tellier, il y fut environ l'espace d'une heure, après quoi, ayant fait appeller les officiers de la chambre et de la garde robbe et les autres qui se trouverent dans les appartemens, il leur temoigna avec une grande serenité d'esprit la joye qu'il ressentoit d'avoir reçu les sacremens de l'Eglise avec toute la presence d'esprit qu'il avoit demandé a Dieu ; il finit son discours en disant qu'il s'etoit bien apperçu dès le commencement que les medecins et chirurgiens n'avoient connu ny son mal ny quel en etoit la cause que trop tard et lorsquil n'y avoit plus de remede mais il faut vouloir ce qui plait au Seigneur ; et ainsy se resolut a la mort ce grand Roy avec un courage digne d'une ame grande et d'un veritable Chretien.

Il manda ensuite M. le Marechal de Villeroy auquel il dit d'un accent très gracieux : « M. le Marechal, ay^t toujours eu beaucoup d'amitié et d'estime et de consideration pour vous et me voyant prêt a vous quitter et à mourir puisquil n'y a plus de remede a nos maux, pour vous marquer ma reconnoissance des services que vous m'aves rendus, et de ceux de M. votre père, qui ma gouverné pendant ma minorité, je vous fais aussy gouverneur de M. le Dauphin mon arrière petit fils ; je vous demande en grace de l'elever dans la crainte de Dieu de luy inspirer un amour pour ses peuples qui le porte a les soulager autant qu'il luy sera possible; ayez attention sur sa conduite, faites en sorte quelle soit bien reglée, et ne l'abandonnez jamais. »

Le Roy ajouta encore plusieurs choses très obligeantes que l'on ne put entendre distinctement a cause des soupirs et des gemissemens que poussoit M. le Marechal, qui ne put repondre a l'honneur que le Roy luy faisoit autrement que par les larmes et en se jettant a genoux pour baiser la main de sa Majesté.

Monsieur le Marechal de Villeroy s'etant aussitôt retiré tout penetré de douleur, le Roy manda M. Voisin et Desmarets et leur parla chacun en particulier.

Il parla ensuite d'une manière fort touchante a M. le duc d'Orleans qu'il envoya aussy chercher et luy dit : « Mon cher neveu, j'ay fait un testament ou je vous ay conservé tous les droits que vous donne votre naissance. Je vous recommande le Dauphin, servéz le aussy bien et aussy fidellement que vous m'avez servy, travaillez de votre mieux à luy conserver son royaume, comme pour vous même, s'il venoit a manquer vous seriéz le Maître. Je connois votre bon cœur, votre sagesse, votre courage et l'etendue de votre esprit, je suis bien persuadé du soin que vous prendrez pour la bonne éducation du Dauphin, et que vous n'obmettrez rien pour le soulagement des peuples de son royaume. Je vous recommande aussy en particulier tous les officiers de ma maison tant grands que petits, ils m'ont tous fidel-

lement servis et avec affection, et je suis très content
d'eux, faites leur tout le bien que vous pouréz, ne
les abandonnéz pas, je vous en prie, dans leurs be-
soins et necessités. Sa M^te finit son discours par
ces parolles touchantes : Mon cher neveu, ayéz sou-
venance de moy. Jay fait les dispositions que jay cru
les plus sages, et les plus equitables pour le bien du
Royaume, mais, comme on ne sçauroit tout prevoir,
s'il y a quelque chose a changer ou a reformer, l'on
fera ce que l'on trouvera a propos [1]. »

M. le duc d'Orleans, quoique fort touché, repondit
au Roy : « Sire, je prie votre Majesté d'être bien persuadée de ma reconnoissance pour toutes les bontés
quelle a toujours eues pour moy. Je la suplie de
croire que j'executeray très ponctuellement tout ce
quélle m'ordonne, il se mit ensuite a genoux, fon-

---

1. Il convient de rapprocher ces paroles si nobles, si loyales,
si prévoyantes même des modifications que pourraient subir des
volontés dernières par la force des choses et pour l'intérêt de l'État
« qui reste quand le roi disparaît », ces paroles que le duc d'Orléans répétera devant le Parlement pour appuyer ses revendica-
tions, des haineuses insinuations de Saint-Simon, qui reproche à
Louis XIV d'avoir trompé le duc d'Orléans « avec Jésus-Christ
sur les lèvres ».

Saint-Simon, d'ailleurs, est tellement inconscient de ce qu'il dit,
si irrésistiblement entraîné par son tempérament, qu'il se contredit quelques lignes plus loin et raconte que le chancelier prit à
part le duc d'Orléans et lui montra le codicille. Il n'y eut donc
pas chez Louis XIV l'intention de leurrer le duc d'Orléans ; ce
codicille, en effet, était dans une enveloppe ouverte. Le *Mémoire*
de Dangeau, d'ailleurs, est très explicite sur ce point.

dant en larmes et embrassa le Roy qui luy donna sa benediction.

A peine M. d'Orleans etoit-il sorti, qu'arriverent M. le Duc accompagné de M. de Charollois son frère, MM. les Princes de Conty, le Duc du Maine et le comte de Toulouze, ils baiserent tous la main du Roy qui leur dit adieu et leur fit un petit discours fort patetique, les exortant de vivre en paix et union tous ensemble, tant pour leur interest particulier que celuy de la France ; ils firent là dessus de grandes protestations a S. M. et se retirerent tous en pleurs, mais le Roy voulant parler en particulier a M. le Duc du Maine, qui etoit deja sorti de la chambre, le fit rappeller et luy dit : « Votre sagesse, M. et la capacité que jay toujours remarqué en votre personne ont fait que j'ay jetté les yeux sur

« Dès que S. M. a eu fini de parler aux princes, les chirurgiens et les apothicaires ont préparé ce qu'il fallait pour panser la gangrène de sa jambe et pendant qu'on la pansait, M. le chancelier est sorti de la chambre et est venu parler à M. le duc d'Orléans, qui était assis dans l'embrasure de la fenêtre du cabinet le plus proche de la chambre, et aussitôt ils se sont approchés l'un et l'autre de la table de travail, au bout où le roi a accoutumé de s'asseoir. Le chancelier a tiré d'une enveloppe qui n'était point cachetée le papier que S. M. venait d'écrire et l'a donné à M. le duc d'Orléans qui, pour le lire, s'est appuyé sur la table sans s'asseoir, et le chancelier est demeuré debout auprès de lui. Les lignes et l'écriture sont fort serrées. Après que le duc d'Orléans a achevé de lire, le chancelier a remis le papier dans l'enveloppe et, après en avoir fait lire le dessus au duc d'Orléans, il l'a mis dans sa poche sans le cacheter. »

vous pour vous donner la charge de surintendant de l'education de M. le Dauphin, convaincu que vous vous en acquiteréz parfaittement, je vous dis adieu ; souvenez-vous de moy. »

Le Roy etoit très foible et fort emu de ces tristes adieux, M. Fagon pour le soutenir, l'engagea a prendre un bouillon pour quil avoit beaucoup de repugnance, cependant il en recut du soulagement, car il s'assoupit et reposa près d'une heure.

En s'eveillant il apperçut auprès de son lit Mme de Maintenon qui fondoit en larmes de le voir dans un si deplorable etat. « Quoy Mme vous vous affligéz de me voir en etat de bientôt mourir, nai-je pas asses vecu, m'aves-vous cru immortel ? non, non, je scay très bien quil faut tout quitter. Il y a longtemps que j'y ay pensé, et que je my suis preparé etant bien persuadé quil y a un souverain infiniment elevé au-dessus des Roys de la Terre et que c'est a nous a nous soumettre a ses ordres suprêmes. » Mme de Maintenon qui faisoit profession de pieté tacha de confirmer le Roy dans ses sentimens si justes et si chretiens et se retira dans son appartement accablée de douleurs.

Les Medecins visiterent ensuite leur malade a qui ils trouverent le poulx très emu, ils pansèrent la jambe, ils y appliquerent des remédes corrosifs pour y rappeller la chaleur naturelle et empecher le pro-grès de la Cangrene qui augmentoit toujours malgré leurs soins et leurs remedes qui n'avoient pu faire venir la playe à supuration.

Le reste de cette triste journée se passa dans la consternation que l'on jugeoit être aussy grande dans les provinces qu'a la Cour par le grand nombre des couriers qui arrivoient a toute heure de toutes les extremités du royaume a Versailles.

Mais personne ne temoigna plus d'inquietude que la Royne d'Angleterre. Cette vertueuse princesse faisoit sa residence a Saint-Germain en laye ou elle mourut le 8 may 1718 depuis le commencement de l'année 1689, apres y avoir perdu le Roy Jacques son epoux et la princesse leur fille; privée de la presence du prince son fils, seul reste de cette Royalle famille que les malheurs avoient contraint de s'eloigner d'elle pour errer par toute l'Europe comme d'exil en exil, elle n'avoit point d'autre azile que la protection du Roy qui depuis quil avoit donné retraitte dans sa propre maison a cette famille persecutée avoit toujours eu pour cette Royne toute la consideration que son rang et merite demandoient. Comme elle voyoit dans la perte du Roy celle de la seulle consolation qui luy restoit au millieu de ses disgraces, Elle temoigna dans cette occasion toute sa reconnoissance et sa veneration pour son auguste bienfaicteur, non seulement par ses prières et celles de sa maison, mais aussy en envoyant regulièrement, deux fois tous les jours quelques personnes des plus qualifiées de sa Cour pour être informée de l'état de la santé du Roy ; mais le Ciel fut sourd a ses vœux et inflexible a ses prieres ; la maladie augmentoit toujours et les forces du malade diminuoient.

La nuit du 26 du mois et 17 de cette cruelle maladie il ne dormit que par intervalle et ses forces diminuèrent tellement qu'on etoit obligé de luy lever la tête pour lui faire prendre quelque chose et luy porter et soutenir les menbres quand il falloit le remuer.

Cette extremité ne luy fit point oublier ses exercices de Religion, sur les huit heures il souhaita entendre la messe, il ny manqua jamais a sa vie quelqu'affaire qu'il put avoir, on avertit donc un aumonier du quartier qui la celebra.

Après la messe S. M^té ayant pris un bouillon avec beaucoup de peine fit appeller les princes et princesses qui attendoient dans le cabinet la commodité de le voir. S'étant tous approchés du lit du Roy, il leur parla avec une presence d'esprit admirable et en des termes peu communs sur son etat, et sur la conduite quils devoient tenir après sa mort. Nous n'avons pu suivre le fil de son discours, car la foiblesse de sa voix et les pleurs et soupirs des assistants nous le déroboient.

Sur la fin cependant il éleva un peu la voix. « Je vous dis adieu M^rs et Mmes puis qu'il faut mourir et nous quitter, ny ayant plus de remedes. Je vous conjure de vous ressouvenir de moy et de vivre tous en grande union. Je vous recommande le Dauphin très particulierement. » Ensuite il les embrassa tous les uns après les autres et leur donna sa bénédiction : on ne peut rien exprimer de plus triste que cette separation, *Siccine separat amara mors.*

Un moment après Sa Mté demanda M. Huchon, Curé de Versailles homme d'une pieté et d'un merite distingué. Sitot quil le vit, il luy dit : « M. le Curé je vous prie de vous souvenir de moy dans vos prières et de faire prier pour le repos de mon ame, quand Dieu aura disposé de moy. » M. Husson fondant en larmes repondit : « Oui, Sire, nous prions Dieu jour et nuit pour votre heureuse Eternité et pour votre convalescence nous ne desesperons pas encore. »

Le Roy repartit d'un ton ferme et haussant sa voix, « non non Mr ne demandez pas mon retour mais mon heureuse Eternité! Je l'espere, O mon Dieu, et vous la demande de tout mon cœur et de toute mon âme. »

Après cela le Roy qui conservoit encore toute la liberté de son esprit, et qui avoit toujours eu beaucoup de delicatesse en matiere de religion ne voulant point qu'après sa mort il restât aucun doutte sur la sincerité de sa foy, jugea a propos de s'en expliquer publiquement, ayant donc fait appeller Mrs les Cardinaux de Rohan, de Polignac et de Bissy avec le Père le Tellier, il leur dit d'un air majestueux et d'un ton assés elevé, ces paroles edifiantes.

« Mrs Je suis bien aise de vous declarer publiquement mes sentimens devant toutes les personnes icy presentes. Je veux vivre et mourir dans la religion catholique, apostolique et romaine que jay soutenue, autant qu'il m'a été possible pendant le cours de mon regne, vous avés pu sçavoir que dans toutes les affaires qui ont regardé la Religion et l'Eglize, je les ay protegées avec fermeté et zéle, mais dans les dernieres affaires qui sont survenues depuis je nay suivy que vos avis et n'ay fait que ce que vous m'avez conseillé de faire. C'est pourquoye si j'ay pu mal faire cest sur vos consciences, n'y en ayant point eu d'autre part et vous en repondréz devant Dieu; pour moy je nay eu que de très bonnes intentions. »

Ces prelats etrangement surpris du discours de Sa Majesté, ne luy repondirent rien, soit qu'ils ne sattendissent pas à un tel coup, soit quils craignissent de luy causer quelqu'emotion, ils se retirèrent en soupirant, ce qui fit faire beaucoup de reflections a ceux qui etoient presents.

Autant que le Roy avoit de penetration d'esprit pour prevoir les suites de l'affaire ou l'on l'avoit engagé, autant avoit il d'humanité et de bonté envers les siens, il en donna des marques dans ce moment, il ordonna a M. de Tresme de faire entrer tous les officiers qu'il trouveroit dans leur appartement. La chambre

en fut remplie en un instant, grands et petits sans distinction a genoux, outrés de douleur de perdre un si
bon maître.

Sa Majesté qui avoit fait tirer les rideaux de son lit
pour les voir, leur témoigna avec beaucoup de tendresse
la satisfaction quelle avoit de leurs services quelle avoit
remarqué qu'en toute occasion ils les luy avoient rendus
avec toute l'affection et la fidelité possible, que s'il leur
avoit donné quelque petit sujet de chagrin ou de mecon-
tentement, il leur en demandoit pardon, il ajouta quil
les avoit bien recommandés a M. le Duc d'Orleans qui
ne les abandonneroit pas, les exhortant de se ressouvenir de luy dans leurs prières. Puis addressant la parolle aux superieurs, il leur recommanda de traitter
leurs inferieurs avec douceur et honnêteté comme je
lay fait, leur dit-il, le mieux qu'il m'a été possible, et
j'espere que vous en userez de même, Je vous dis
adieu, mes bons officiers, voila ce que j'avois a vous
dire avant de vous quitter, ils se retirerent et tous les
appartements du chateau retentirent longtemps de
leurs soupirs et de leurs gemissements.

Ces conversations aussy violentes qu'affligeantes
ou le Roy avoit fait des efforts extraordinaires pour
se posseder et parler asses haut pour se faire entendre
de tout le monde l'avoit fort emu, il avoit les yeux
rouges et étincelants mais le corps si abattu que les
medecins étant entrés et luy ayant touché le poulx, il
ny fit presque pas d'attention, ils luy trouverent une

fièvre très violente et le poulx convulsif, ils visitèrent sa jambe ou la gangréne avoit fait de nouveaux progrès et jugerent que c'étoit la cause du dereglement de son poulx; ils continuèrent la lotion de l'Eau de vie canfrée pour essayer de rappeller les esprits et après une demye heure de cette opération ayant demandé a Sa Majesté si elle sentoit beaucoup de douleur à la jambe, elle repondit que non et quelle ne la sentoit plus que devers le genouïl.

M. Marechal prenant une mauvaise augure de cette reponse et en prevenant les suites dit à M. Fagon qu'il étoit necessaire de faire venir les plus habilles Chirugiens pour conferer avec eux que ce mal étoit plus du fait de la Chirugie que de la medecine et quil ne vouloit pas luy seul prendre l'evenement sur son compte et autres raisons semblables, mais devoit-on attendre que le mal fut incurable pour appeller du secours ?

M. Fagon ne se rendit pas encore sans peine. On envoya à Paris querir M. Ledran, Arnault, Gervais, Dionis, Petit et quelqu'autres des plus fameux de la ville, ils arriverent sur les deux heures après midy dans les appartemens du Roy, visitèrent sa jambe en presence des chirugiens, et medecins de la cour et la trouverent toute noire et cangrénee. Surpris de la voir en cet etat, ils s'entreregarderent en secouant la tête, on jugea par leur contenance qu'il n'y avoit plus d'esperance de guerison, ils la panserent pourtant avec leurs corrosifs ordinaires et se retirerent dans le cabinet du Roy pour conférer ensemble. Il en arriva comme des consultations des medecins cy dessus c'est à dire rien du tout, sinon qu'on continueroit les mêmes remedes et qu'on remettroit aux evenements a prendre d'autres conseils.

Le Roy paroissoit tranquille au millieu du peril peut-être que ne voyant plus d'esperance, il c'etoit abandonné luy même; on tâchoit pourtant d'entretenir ses forces par des bouillons et de la gelée, mais il n'en prenoit plus qu'à force de l'en prier et par complaisance.

Un moment après que les chirugiens furent retirés, le Roy commanda qu'on luy ammenât M. le Dauphin; il arriva aussitôt conduit par Mme de Vantadour sa gouvernante. Cette dame le plaça dans un fauteuil au chevet du lit de Sa M^{té} qui l'ayant consideré avec application et une espece de complaisance luy dit les larmes aux yeux ces belles parolles qu'on a depuis ecrites en gros caractères dans un tableau placé au chevet du jeune Roy pour les imprimer dans sa memoire et en graver les maximes dans son cœur[1]:

1. Ces admirables recommandations d'un aïeul, qui avait été un des plus grands rois qu'ait vus la terre, à un enfant de cinq ans, ont été citées souvent d'une manière différente, quoique la pensée première soit toujours demeurée la même.

Voici quel serait le texte exact d'après Voltaire, qui l'aurait copié dans la chambre même du Dauphin où le maréchal de Villeroy, comme le constatent les Anthoine, avait fait graver ces ma-

« Mon cher enfant vous allez etre un grand roy n'oublies jamais les grandes obligations que vous avez a Dieu, ne m'ymitéz pas surtout dans les guerres avec vos voisins, soulagéz votre peuple le plus que vous pourez, jay eu le malheur par les necessités de l'etat de ne le pouvoir faire, suivez toujours le conseil des personnes eclairées sages et desinteressées, songez que c'est a Dieu que vous devez tout ce que vous etes, et n'oubliez jamais les obligations que vous avez a Mme de Vantadour pour tous les soins qu'elle a pris de vous elever, et quelle veut bien continuer encore. »

gnifiques conseils près du lit de cet élève qui devait être le Louis XV de la Dubarry.

« Vous allez être bientôt roi d'un grand royaume. Ce que je vous recommande le plus fortement est de n'oublier jamais les obligations que vous avez à Dieu; souvenez-vous que vous lui devez tout ce que vous êtes. Tâchez de conserver la paix avec vos voisins. J'ai trop aimé la guerre, ne m'imitez pas en cela, non plus que dans les trop grandes dépenses que j'ai faites. Prenez conseil en toute chose et cherchez à connaître le meilleur pour le suivre toujours. Soulagez vos peuples le plus tôt que vous pourrez et faites ce que j'ai eu le malheur de ne pas faire moi-même. »

Le texte de Saint-Simon est celui-ci :

« Mon enfant, vous allez être un grand roi ; ne m'imitez pas dans le goût que j'ai eu pour les bâtiments, ni dans celui que j'ai eu pour la guerre ; tâchez au contraire d'avoir la paix avec vos voisins. Rendez à Dieu ce que vous lui devez : reconnaissez les obligations que vous lui avez ; faites-le honorer par vos sujets. Suivez toujours les bons conseils, tâchez de soulager vos peuples ; ce que je suis assez malheureux pour n'avoir pu faire. N'oubliez pas la reconnaissance que vous devez à Mme de Ventadour. »

Ne négligeons pas la version de Dangeau : « Mignon, vous allez

Et addressant la parolle a cette dame il luy dit : « je ne puis Mme, vous en marquer assez moi-même ma reconnoissance. »

Sa M^{té} s'attendrit beaucoup en tenant ce discours, faisant pourtant un nouvel effort sur elle même elle dit : « Madame, approchéz moi ce cher enfant que je l'embrasse pour la d^{re} fois puisqu'il plait a Dieu de me priver de la consolation de l'elever jusqua un âge plus avancé. » Alors le Roy elevant les yeux au ciel et les mains jointes luy donna sa benediction en disant : « Seigneur, je vous l'offre cet enfant, faites lui la grace qu'il vous serve et honore en Roy tres

être un grand roi, mais tout votre bonheur dépendra d'être soumis à Dieu et du soin que vous aurez de soulager vos peuples. Il faut, pour cela, que vous évitiez, autant que vous le pourrez, de faire la guerre : c'est la ruine des peuples. Ne suivez pas le mauvais exemple que je vous ai donné sur cela ; j'ai souvent entrepris la guerre trop légèrement et je l'ai soutenue par vanité. Ne m'imitez pas, mais soyez un prince pacifique, et que votre principale occupation soit de soulager vos sujets. Profitez de la bonne éducation que Mme de Ventadour vous donne, obéissez-lui et suivez aussi, pour bien servir Dieu, les conseils du P. Le Tellier, que je vous donne pour confesseur. »

On remarquera que les Anthoine qui sont jansénistes, pas plus que Saint-Simon qui déteste personnellement Le Tellier, ne font mention de la phrase où il est question du P. Le Tellier et que Dangeau seul reproduit. Dans ses commentaires sur le journal de Dangeau, Voltaire s'égaye à ce sujet et se moque de Dangeau, en prétendant qu'on ne donne pas un confesseur à un enfant de cinq ans. Voltaire n'aurait eu cependant qu'à parcourir le 2e codicille : il y aurait vu que le P. Le Tellier est désigné comme confesseur en même temps que Fleury pour précepteur.

chretien et vous fasse adorer et respecter par tous les peuples de son royaume. »

A ces parolles Mme de Ventadour voyant le Roy si attendri quil versoit des larmes en abondance retira M. le Dauphin d'entre les bras de sa Majesté et le reconduisit en pleurant dans son appartement.

Pendant cette touchante scene M^{rs} de la faculté qui étoient en conférence resolurent de faire a la jambe du Roy des scarifications avec la lancette pour donner plus de prise aux corrosifs qu'ils y appliquoient mais on ne peut dire pour quelle raison ils en remirent l'operation.

Quelques moments après Mme de Maintenon entra accompagnée de M. le Duc de Noailles. Elle fit retirer tout le monde et s'étant approchée du lit du Roy elle luy lut une lettre quelle venoit de recevoir de M. le cardinal de Noailles Archevêque de Paris dans laquelle ce Prelat lui exposoit avec les termes les plus pathétiques et les plus tendres, le chagrin qu'il ressentoit de la maladie de Sa M^{té} et d'etre privé de la liberté de venir temoigner luy même a son illustre bienfaiteur dans ses derniers moments les sentimens respectueux d'un cœur le plus attaché et le plus reconnoissant.

Cette lettre étoit si touchante que le Roy ne put retenir ses larmes et l'on vit que les sentimens d'estime et de consideration qu'il avoit toujours eu pour M. le Cardinal etoient profondement gravés dans son cœur

malgré la disgrace qui l'eloignoit de la Cour et dont il
ne nous appartient pas de penetrer les raisons, car le
Roy touché de la lecture de la lettre quil venoit
d'entendre, envoya quérir M. le Chancelier Voisin et
luy dit : « M. ecrivez de ma part a M. l'Archeveque
de Paris, marquéz luy l'estime que jay toujours fait de
son merite et de sa pieté, faites luy connoitre dans
l'etat ou je suis et assurez le que mon plus grand
plaisir seroit de mourir entre ses bras. »

M. le Chancellier fit aussitot la lettre conformément
a ce que le Roy venoit de luy dire; Sa M^te la si-
gna avec beaucoup de foiblesse et l'envoya a Paris a
M. le Cardinal qui la reçut avec beaucoup de joye, la
lut avec attention et la baigna de ses larmes, en voyant
les sentimens religieux du Roy et sa resignation a
la mort, c'etoit en effet une grande consolation pour
ce vertueux Prélat; mais ayant lu une apostille qui
etoit a coté de la signature : Je vous attends a condition que vous vous rejoindrez aux autres Evêques vos
confreres, cette condition ne put être acceptée par son
Eminence et la priva de l'honneur de voir le Roy
et Sa Majesté de la consolation de mourir entre les
bras de son Pasteur; car quoique M. le Cardinal eut
lieu de douter si cette apostille avoit eté mise par
l'ordre du Roy ou si ses ennemis avoient eu le credit
de la faire ajouter apres coup, il ne jugea pas a propos de s'exposer de venir en cour, mais il se contenta
de redoubler ses prières et d'en ordonner dans toutes

les Eglizes de son diocese pour demander à Dieu le retablissement de la Santé du Roy et les graces dont il avoit besoin dans l'extremité ou il se trouvoit ; ce qui fut executé avec beaucoup de zèle, et M. le Cardinal passa plusieurs heures devant le S. Sacrement pour demander a Dieu la guérison du Roy ou la grâce d'une bonne mort.

Le reste de ce jour se passa dans de grandes inquietudes et la nuit suivante qui etoit celle du 27 du mois et le 18 de la maladie, Sa M^{té} ressentit des douleurs inconcevables par tout le corps excepté a la jambe ou elle navoit point de sentiment. On ne laissoit pas de la panser a l'ordinaire et sur les 10 heures du matin les Chirurgiens executerent ce quils avoient resolu le jour précedent, des scarifications. Monsieur Marechal fit cette operation en la presence des autres chirurgiens et des medecins de la cour, mais quoiquil fit de profondes incisions dans les chairs mortifiées du bas de la jambe, Sa M^{te} n'en ressentit aucune douleur ce qui leur fit prendre la resolution de faire une seconde operation pour découvrir le fond du mal.

Le Roy parut aussi insensible a cette seconde operation qu'à la premiere et cependant M. Marechal ayant continué de penetrer jusqu'au vif, le Roy s'écria : ah! Marechal vous me faites grand mal. Cela donnoit quelqu'esperance que la playe pouroit venir a suppuration, il la pansa avec ses corrosifs ordinaires et l'enveloppa de linges trempés dans de l'Eau de vie canfrée.

Le Roy etoit dans un etat tres affligeant, cependant il ne perdoit rien de sa constance et souffroit ses maux d'une maniere très edifiante et les offroit sans cesse a Dieu pour ses pechés dont il esperoit, disoit il, la remission de la grande Misericorde de Dieu.

Ces diverses operations occuperent tout le temps jusqua 4 heures après midy que Mme de Maintenon arriva pour voir en quel etat etoit le Roy. Elle le trouva si abbattu qu'a peine pouvoit il parler, il ordonna cependant aux huissiers de la chambre de faire sortir tout le monde, il ny demeura que cette dame assise au chevet de sa M^té, M. Voisin chancellier de France, M. Blouin, premier vallet de chambre et gouverneur de Versailles en qui le Roy avoit beaucoup de confiance. Sa M^té luy ordonna d'apporter toutes les cassettes de son petit cabinet, ce qui fut executé a l'instant par les garçons de la chambre qui les placerent près du lit du Roy et se retirerent, il ne resta que Mme de Maintenon avec M. le Chancellier qui ouvrirent les cassettes. On ne sçait point ce qui se passa dans cette occasion, si ce n'est que les officiers de la chambre etant rentrés. lorsque Mme de Maintenon et M. le chancellier sortirent, ils s'appercurent qu'on avoit brulé beaucoup de papier.

Les medecins et chirurgiens attendoient aussy la fin

de cette conference pour visiter la jambe du Roy, ils la trouverent extraordinairement enflée et encore plus cangrenée qu'auparavant; confus du mauvais succès de leur operation ils ne purent cacher leur embarras si bien, que le Roy ne s'en appercut, il n'en parut point ebranlé et s'exposa sans repugnance a une 3me que M. Marechal fit en 3 endroits differents des premiers sans que S. M^{té} en ressentit aucune douleur, ce qui leur fit juger que la cangrene ayant encore augmenté considerablement, il n'etoit pas possible que le malade put aller encore loin, ce qui jetta toute la Cour dans une desolation et fit perdre cœur aux officiers de la chambre, qui jusque la avoient soutenu avec courage les fatigues de cette longue maladie tant que l'esperance de la guerison les avoit flattés. Leur desordre augmenta la nuit du Mercredy 28 aout et 19 de la maladie du Roy, il la passa encore dans une disposition encore plus mauvaise que les precedentes, dans des agitations terribles sans vouloir prendre aucune nourriture qu'à force d'instances que luy faisoient ses officiers.

Cependant on entendoit ce pauvre prince prier sans cesse le Seigneur de luy donner la force de souffrir ses maux pour l'amour de luy. Le P. le Tellier, l'exhortant de se soumettre a la volonté de Dieu dans cette extremité s'avisa, entreautres de luy demander s'il n'avoit de regret de quitter son royaume et toutes les grandeurs du monde, à quoi Sa M^{te} répondit d'un ton ferme : « non, mon Père, je les ay oubliées et

je suis bien persuadé que la grandeur de Dieu est infiniment elevée au dessus des Roys de la terre.

Le reste de la journée, le Roy fut fort mal, il perdoit connaissance de temps en temps et quelquefois la
parolle, ce qui fit juger quil approchoit de sa fin.

Le 29 Aout et 20ᵐᵉ de la maladie du Roy ses chirugiens et medecins vinrent de grand matin le visiter,
ils le trouverent dans une foiblesse extrême avec tous
les simptômes d'une mort prochaine, ils lui donnerent
quelques cordiaux pour luy prolonger la vie de quelques moments, nayant plus d'autre esperance; le Roy
se possédoit pourtant encore et prioit à tous moments Dieu de luy faire misericorde.

Dans cet etat un medecin venu de Marseille s'ad-
dressa à M. le duc d'Orléans disant qu'il avoit un
remede specifique pour toutes sortes de cangrene ex-
terieures et interieures et pour purifier le sang. Sur
cet avis le duc d'Orleans qui voyoit le Roy presque
desesperé, comme abandonné de ses médecins, amena
le Marseillois à la Cour où il entra en conference
avec les médecins de Sa Mᵗᵉ en presence de plusieurs princes du sang, leur exposa les qualités de
son remede et assura avoir guery plusieurs personnes
de la maladie semblable a celle du Roy.

M. Fagon mal prevenu contre les empiriques[1] s'op-

---

1. Cette apparition d'empiriques autour du lit de mort de personnages illustres se produisait assez fréquemment. Lorsque le
cardinal de Richelieu était déjà abandonné par ses médecins, un

posa a celuy-cy et les autres medecins de la Cour, suivant l'avis de leur chef dirent quils ne consentiroient point qu'on donnat au Roy un remede dont ils ne connoissoient n'y la nature n'y les effets. Les contestations intriguèrent les Princes mais faisant reflextion que le Roy étoit abandonné de ses medecins et que ce Marseillois donnoit encore quelqu'esperance, ils userent de leur authorité pour faire donner au Roy ce remede indépendamment de l'opposition de M. Fagon et de ses confrères.

Au même moment M. le Duc d'Orleans pour signaller son zele pour la conservation du Roy conduisit le medecin de Marseille au lit du Roy, il lui tata le poulx quil trouva comme celui d'une personne mourante, il dit cependant quil n'y avoit rien encore a desesperer, que vu l'etat de sa M^{té} il n'osoit pas assurer qu'il le gueriroit absolument, mais que son remede pouvoit encore faire son effet, que si on

charlatan de Troyes, nommé Le Fèvre, se présenta ; il vantait extraordinairement, nous dit l'auteur d'une *Vie de Richelieu* publiée à Cologne, « je ne scai quelle eau et je ne scai quelles pilules qu'il avait ; le Cardinal voulut tenter si cet homme n'en sçaurait pas plus que les autres. Il prit le même jour avant dîner de son eau et de ses pilules dont il parut un peu soulagé ; néanmoins il continuait à dire adieu à ceux qui étaient autour de lui avec une voix ferme et un visage serein, sans qu'il parut aucun trouble en son esprit. » La mort de Louis XIV et celle de Richelieu se ressemblent du reste par leur grandeur simple et leur souveraine sérénité.

avoit donné son elixir au Roy des le commencement
il l'auroit infailliblement guery, mais qu'il avouoit
qu'il etoit un peu tard. On luy ordonna de le faire
prendre a sa M^té s'il pouvoit encore lui être util, il en
versa quatre gouttes dans un petit verre de vin de Bourgogne et le presenta au Roy luy disant : Sire, c'est un très
bon remede du medecin de Marseille qui fera du bien a
votre Majesté. A ces paroles le Roy se reveilla comme en
sursault et prit le Remede sans peine, Le medecin deffen-
dit de donner a boire au malade qu'apres deux heures
passées, ce temps expiré, il luy en donna une seconde
prise et peu apres le Roy se trouva plus tranquile,
la vüe plus claire et la parolle plus libre et plus
ferme ; S. M^té dit même a M. le Duc d'Orleans
qui étoit auprès de son lit avec les autres princes,
quelle se trouvoit mieux qu'a l'ordinaire ce qui leur
donnoit beaucoup de joye. Un changement si subit et
si peu esperé donna une grande idée de la capacité du
medecin de Marseille qui ajouta a son elixir des bouillons composés qu'il fit prendre d'heure en heure au
Roy et qui lui donnerent de la force et même de l'appetit pour prendre d'autres alimens, au grand etonne-
ment des medecins, bien confus de voir un effet si
prompt d'un remede qu'ils avoient rejetté. Sur le soir
le Roy prit encore une dose du même elixir et d'heure
en heure des bouillons composés pendant toute la
nuit.

M. Marechal visita aussy plusieurs fois la jambe du

Roy et la fit voir au medecin de Marseille, qui fut bien surpris de la voir entierement cangrenée et mortiffiée jusqu'au genouïl ce qui fit juger que quelqu'excellent remede que ce fut, il ne pouvoit pas guérir un si grand mal; l'effet neanmoins qu'il avoit produit donnoit quelqu'espérances et comme on passe aisément d'une extremité a l'autre, le bruit se repandit dans Paris que S. M^te étoit hors de danger.

Cette joie fut courte, la nuit du 30e de ce mois et 21 de la maladie fut très mauvaise, la 2e dose d'elixir que S. M^te avoit prise ne fit pas un si bon effet que la premiere, elle ne fit que reveiller un peu l'esprit et soutenir la nature qui deffailloit, et le mal se trouva plus fort que le remede qui avoit eté donné trop tard.

Pendant toute la nuit le Roy poussa des soupirs fréquents qui firent perdre l'esperance de la vie, il ne perdit point la parolle ni la connoissance comme il avoit fait les jours precedens, ce que l'on attribua a la vertu de l'elixir du Marseillois. Comme les médecins de la cour n'avoient pas approuvé ce remede, ils prirent de la occasion de le traitter d'ignorant et de charlatan, et dirent que la temerité qu'il avoit eu de donner au roy un remede inconnu meritoit d'être punie, ce qui luy fit si grande peur qu'il se retira disant qu'il auroit pu guerir Sa M^te si on l'avoit appellé plutôt mais qu'il étoit venu trop tard pour le bien du

Royaume, et il ne parut plus à la cour. Cet homme s'appeloit *Brun*.

Sur les 2 heures après midy Mme de Maintenon arriva de Saint-Cyr pour voir le Roy, ce fut inutilement car elle le trouva sans parolle, sans sentiment, les yeux ouverts et fixes et sans aucun mouvement, ce qui l'obligea de retourner dans sa retraite comme elle en etoit venue pour y passer le reste de sa vie à prier pour le repos de l'âme du Prince qui a fait un etablissement si util à l'éducation de ces pauvres demoiselles du Royaume.

A la nouvelle de l'extrémité du Roy, il est incroyable quel fut le concours du peuple à Versailles, chacun en raisonnoit selon ses idées, les uns condamnoient le régime qu'on avoit fait observer au Roy en luy faisant boire de l'eau après ses sueurs, les autres se déchaînoient contre l'ignorance des medecins qui n'avoient pu connoître sa maladie du Roy; ceux cy vouloient qu'on eût fait l'amputation de sa jambe avant que la grangrène eût gagné les parties saines, d'autres faisoient l'eloge du medecin de Marseille déplorant le malheur du Roy qui navoit pas eu de si habilles gens auprès de sa personne ou que celuy cy n'y eut pas été appellé plus tôt.

Cependant le pauvre prince flottoit entre la vie et la mort, on l'entendoit de temps en temps prier d'une voix foible et tremblante. Le **P.** Le Tellier qui ne le quittoit point l'exhortoit à la patience et à l'esperance de la miséricorde de Dieu. Le Prince moribond temoigna toujours beaucoup de resignation à la volonté du Seigneur tant quil eut la force de s'énoncer car la voix et la parolle luy manqoiuent a tous moments et l'on attendoit plus que le moment de sa mort que l'on envisageoit comme très prochaine.

Le 31 et dernier août qui etoit le 22 de la maladie du Roy, il sembla être un peu mieux, sur le matin il parut fort tranquile, tranquilité pourtant qui ne venoit que d'un abbatement universel et non d'un changement réel car pendant toute la nuit il avoit perdu toute connoissance et tout usage de ses sens.

En cet état de tranquilité apparente M. Marechal visita la jambe de Sa M^te en presence des medecins et de plusieurs personnes de distinction, il la trouva toute noire jusqu'au haut de la cuisse et sans aucun sentiment.

La nouvelle de cette pretendue tranquilité du Roy ayant eté portée à St Cyr, Mme de Maintenon vint a la hâte pour avoir la consolation de voir le Roy et dans l'esperance de luy parler encore une fois mais l'ayant trouvé dans cet etat funeste, sans parolle, sans connoissance, sans mouvement elle s'en retourna aussitôt très affligée.

Le Roy demeura en cet etat jusqua midy qu'il tomba dans une espece d'assoupissement l'ethargique qu'on prit d'abord pour un acheminement a l'Agonie, alors M. le cardinal de Rohan, M. le curé de Versailles, le P. le Tellier et autres ecclesiastiques appro-

cherent du lit du Roy pour faire la prière des agoni-
zants.

Comme on dit aussy quelques parolles de consolation et d'exhortation, on reconnut que le Roy apportoit attention, il donna même de temps en temps des
signes qui firent connoître qu'il entendoit mais quil
ne pouvoit pas s'exprimer autrement.

On luy fit aussy prendre de temps en temps quelques gouttes de gelée et autres choses qu'on luy donnoit avec une tasse à bec pour rafraîchir et humecter
sa bouche et sa langue, comme aussy quelques cordiaux pour le fortifier. Ainsy se passa le triste jour que
l'on croyoit être le dernier de la vie de Louis 14.

Il passa cependant encore toute la nuit du 1er 7bre
23me et de jour de sa maladie, de sa vie et de son
regne il la passa cette nuit fatalle en poussant de
longs et profonds soupirs, qui faisoient connoitre
quil souffroit beaucoup. Sur les 5 heures du matin, il
perdit absolument toute apparence de vie, excepté la
respiration, son visage pâle et tourné a la mort, ses
yeux se fermerent et il ne donna plus aucune marque
de sentiment.

En cet état le S. Marechal débanda la jambe du
Prince mourant en presence de toute la Medecine et
de plusieurs autres personnes distinguées entre lesquels etoit M. le Marechal de Villeroy qui avoit toujours resté le plus attaché a la personne du Roy et
des plus assidus pendant le cours de sa maladie. La

jambe et la cuisse de sa M^te furent trouvés entièrement cangrenées et on jugeoit bien que ce mal avoit gagné les parties interieures et quil alloit bientôt achever d'enlever le sujet auquel il etoit attaché; en effet deux heures après, la nature faisant un dernier effort, le Roy tomba dans l'agonie qui dura encore deux autres heures et finit a 8 heures et demy quart du matin par quelques petits soupirs et deux hoquets sans aucune agitation ny convulsion.

Ainsi mourut Louis XIV le 1er jour de Septembre 1715 âgé de 77 ans moins quatre jours après avoir regné 72 ans 3 mois et 18 jours. Ainsy passa la gloire du monde *sic transit gloria mundi.*

Depuis le 26 Août jusqu'au jour de la mort du Roy on fit des prieres publiques pour luy dans tout le diocese de Paris, et le St Sacrement fut exposé a la chapelle du château et a la paroisse de Versailles et a celle de St Germain, lieu de la naissance de ce prince.

Aussitôt qu'il fut expiré, Monsieur Marechal aidé des garçons de la Chambre tira le corps du lit pour le changer de linge et le mettre sur son séant dans le même lit afin qu'il put etre vu à decouvert de tout le monde tout ce jour, et comme il etoit demeuré la bouche et les yeux ouverts, Tartilliere et la Gamie le fils, garçons de la chambre, rendirent 'a leur maître les derniers services en les luy fermant. Son visage etait jeaunatre et decharné mais peu changé et les yeux fixes et aussy beaux que pendant sa vie.

Le corps ainsy posé sur son lit, on ouvrit toutes les portes des appartemens et aussitôt les Princes et Seigneurs de la cour, les officiers grands et petits qui sy trouverent vinrent rendre les derniers devoirs au corps du deffunt Roy et furent suivis d'un grand nombre de peuple qui pouvoit a peine croire a leurs yeux lorsquils consideroient sans sentiment et sans vie un prince quils avoient vu un peu auparavant plein de gloire et de majesté.

M. le Duc d'Orleans étant arrivé après avoir rendu les derniers devoirs au corps du Roy defunt, entra dans l'appartement ou l'on annonça a haute voix la mort du Roy Louïs 14. Et en même temps on proclama Louis 15 Dauphin fils de Louis Dauphin de France et de Marie-Adélaïde de Savoye et arrière petit fils du Roy agé de 5 ans 6 mois et 16 jours, étant né le 15 fev. 1710.

Sur le midy on vit arriver a Versailles M. le cardinal de Noailles qui n'ayant pas eu la liberté de rendre ses devoirs au Roy vivant, vint s'en acquiter aussitôt qu'il eut appris la nouvelle de sa mort, et rendit ensuite ses hommages au nouveau Roy auquel il fut presenté par M. le Duc d'Orleans.

Le lendemain second 7bre le corps du feu Roy fut porté par les officiers de la chambre et de la garde robbe a qui cet honneur appartient, dans l'Antichambre et posé sur une table pour en faire l'ouverture en presence de M. le Duc d'Ellebœuf et le

M^{al} de Montesquiou nommé à cet effet par M. le Duc d'Orleans, M^r le duc de Tresme premier Gentilhomme de la chambre et de Maillebois l'un des M^{es} de la garde robbe. Toute la faculté s'y trouva a la suite de M. Fagon 1er medecin qui fit un discours sur le sujet de l'assemblée et en même temps M. Marèchal comme premier chirugien fit l'ouverture du corps qui fut trouvé en l'état quil est marqué dans le procés–verbal que nous avons mis icy pour la facilité des lecteurs.

Procés-Verbal de l'ouverture du Corps de Louis XIV.

Le 22 7bre 1715 [1], le corps du Roy Louis 14 surnommé le Grand pour ses rares vertus a eté ouvert par M. Marechal 1er chirurgien du Roy en presence des Medecins et Chirugiens du Roy et autres personnes nommées par M. le Duc d'Orleans pour y etre presents ; on a trouvé l'exterieur du coté gauche gangrené depuis l'extremité du pied jusquau haut de la tête, l'epiderme se levant de tous cotés, moins le droit que le gauche, le ventre extremement tendu, très bouffy, les intestins bien alterés

---

1. Cette date du 22 pour le 2 est évidemment une erreur du copiste.

avec inflammation surtout ceux du côté gauche, le gros intestin d'une dilatation extraordinaire. Les reins etant assez ordinaires et naturels, mais dans le gauche s'etoit trouvé une petite pierre comme le Roy en avoit jetté plusieurs fois sans douleur etant en santé. Le foye, la rate, et l'estomac etoient dans l'etat naturel, tant dans les extremités que l'interieur, les poumons, ainsy que la poitrine dans l'etat naturel. le cœur très beau, d'une grosseur ordinaire; l'extremité des vaisseaux devenue oiseuse; tous les muscles de la gorge tous gangrenés a l'ouverture de la tête; la dure-mere s'est trouvée adherente au crasne et la pimere etoit tachée de 3 taches noires, le long de la faux, le cerveau très bien dans son etat naturel tant au dedans qu'au dehors, on s'est apperçu que l'interieur de la cuisse gauche ou le mal du Roy a commencé etoit tout cangrené dans toutes les parties, tout le sang, dans tous les vaisseaux a parut d'une dissolution totalle et en très petitte quantité.

Fait a Versailles, ce 2 7bre 1715 et tous ont signé.

Après l'ouverture, le corps fut embaumé et mis dans un cercueil de plomb par M. le Duc de Tresme, qui porta le suaire du coté de la tête, et M. le Mis de Maillebois du coté des pieds, ces M^{rs} furent aidés par les officiers de la chambre en cette lugubre fonction.

Le cercueil fut aussitot soudé tout autour et renfermé dans un autre de bois de chêne très epais fermé de tous cotés de bandes de fer sur lequel fut attaché une lame de cuivre sur laquelle etoient gravés ces mots :

C'est le corps de tres haut et tres puissant prince Louis 14 surnommé du nom de grand, de la famille et maison de Bourbon, Roy de France et de Navarre decedé a Versailles le premier 7bre 1715 âgé de 77 ans moins 5 jours etant né à St Germain en Laye le 5 7bre 1638. Il a regné 72 ans 3 mois et 18 jours.

Requiescat in pace.

Afin quil ne manque rien a ce journal, nous avons jugé a propos d'ajouter icy la relation de ce qui s'est passé de plus considerable jusqu'aux obseques de ce grand prince ; nous suivrons les memoires les plus fideles dont quelques particuliers nous ont aidé sur les faits dont ils ont eté temoins oculaires, quand nous rapporterons quelque chose qui ne sest pas passé devant nos yeux.

Le cercueil fermé comme nous avons dit fut porté par les officiers de la chambre et de la garde robbe dans le grand appartement ou le Roy donnoit les grandes audiences, il etoit magnifiquement paré des plus beaux meubles de la couronne, on le posa sur un grand lit de parade tiré du garde meuble et on le couvrit d'un poële de drap d'or très riche; des deux cotés on avoit dressé deux autels sur lesquels un grand nombre de Prêtres et plus de 100 Religieux de tous les ordres celebroient tour à tour la Ste Messe pendant la matinée et psalmodioient le reste du temps jour et nuit sans interruption jusquau 9 7bre que le corps fut porté à St-Denis et pendant tout ce temps il fut gardé par les R. R. P. P. Feuillants qui sont en possession de garder corps des Roys jusquau jour de leurs obseques par preference aux autres.

Le même jour 2 7bre son Altesse Royalle M. le duc d'Orleans accompagné de M. le Duc de Bourbon, le comte de Charollois son frère, le Prince de Conty, le duc du Maine, le Prince de Dombes son fils, le comte de Toulouze et de grand nombre de Seigneurs Ducs et Pairs et Marechaux de France alla au Parlement.

Il descendit a la chapelle du Palais pour y entendre la Messe, il fut reçu et complimenté a la porte par M. l'abbé de Champigny, Tresorier revêtu de ses habits pontificaux a la tête de son chapitre et en même temps par deux présidents à mortier et 2 conseillers deputés du Parlement pour le recevoir.

Après la Messe ces M^rs conduisirent S. A. R. a la grande chambre ou le Parlement etoit assemblé avec plusieurs princes, ducs, et pairs de France; chacun ayant pris place selon son rang et sa dignité, S. A. R. salua la Compagnie avec un air de Majesté et prononca avec beaucoup d'eloquence le discours suivant.

« Messieurs, après tous les malheurs qui ont accablé la France et la perte que nous avons faitte d'un si grand Roy, notre unique esperance est en celuy que Dieu nous a donné. C'est a luy que nous devons a present nos hommages et nos fidelles obeissances; c'est moy comme le premier de ses sujets qui doit l'exemple de cette fidelité inviolable pour sa Royalle personne et d'un attachement encore plus particulier que les autres aux interets de son Etat. Ces sentimens connus du feu Roy m'ont attiré sans doutte le discours plein de bonté qu'il m'a tenu dans les derniers instans de sa vie et dont je crois vous devoir rendre compte, après avoir recu le St Viatique il m'appella et me dit : Mon cher neveu, jay fait un testament ou je vous ay conservé tous les droicts que vous donne votre naissance, je vous recommande le Dauphin, servéz le aussy fidellement que vous m'avez servi, et travailléz a luy conserver son Royaume, s'il vient a manquer vous serez le maître. A ces parolles si obligeantes il en ajouta d'autres qui me sont trop avantageuses pour pouvoir les repeter, il finit en disant ; jay fait toutes les dispositions que jay cru les plus sages, mais comme on ne peut pas tout prévoir, s'il y a quelque chose qui ne soit pas bien on le changera. Ce sont, M^rs les propres termes dont il s'est expliqué, je suis donc bien persuadé que suivant les Regles du Royaume et les Exemples de ce qui s'est fait en pareilles occasions et conjonctures et la destination même du feu Roy, la Regence du Royaume m'appartient de droit : mais ce ne sera pas sans vos sages remontrances, je vous le demande par avance, en protestant devant cette Auguste assemblée que je nay d'autre dessein que de soulager les peuples, de retablir le bon ordre dans les finances, de retrancher les depenses inutilles et superfluës, d'entretenir la paix au dedans et au dehors du Royaume, de retablir surtout la tranquilité et l'union dans l'Eglize et de travailler de mon mieux et avec toute l'applicacion quil me sera possible a tout ce qui sera necessaire pour rendre un Etat heureux. C'est ce que je demande donc a present M^{rs} et que les gens du Roy donnent leurs conclusions sur les propositions que je viens de faire, et qu'on delibere avant que le testament du Roy soit ouvert sur les titres que jay pour parvenir a la Regence, c'est à dire sur ceux que je tiens de ma naissance et des loix du Royaume. »

S. A. R. ayant cessé de parler, M. Joly de Fleury avocat general dit que l'authorité et le titre de Regent du Royaume appartenoit de plein droit a M. le duc d'Orleans pour sa naissance, mais cependant que la cour du Parlement etant depositaire du testament du feu Roy, il requeroit que ce testament fut produit et lu avant que de faire droit sur la demande de S. A. R.

Après plusieurs altercations la seance fut remise après midy dans laquelle la Regence fut decernée a S. A. R. nonobstant les remontrances des gens du Roy avant que de faire lecture de son testament[1].

1. Saint-Simon raconte d'une façon toute différente cette première partie de la séance du Parlement. Il ne voit d'abord que lui dans cette journée où allaient se décider les plus graves affaires de l'État, il se met en scène avant tous et se raconte complaisamment soulevant la ridicule question du *bonnet* de manière à irriter les membres du Parlement contre le duc d'Orléans qui avait tant besoin d'eux. Il ne dit rien du discours si habile, si politique, si souple dans lequel le duc d'Orléans arguait avec une incontestable adresse des dernières paroles que lui avait adressées Louis XIV. Enfin il prétend formellement que le testament du roi fut lu tout d'abord.

« Un silence fort court, écrit-il, suivit ma protestation, après quoi je vis le premier président dire quelques mots assez bas, à M. le duc d'Orléans, puis faire tout haut la députation du Parlement pour aller chercher le testament du roi et son codicille qui avait été mis au même lieu. Le silence continua pendant cette grande et courte attente; chacun se regardait sans remuer… La députation ne fut pas longue à revenir. Elle remit le testament et le codicille entre les mains du premier président qui le présenta, sans s'en dessaisir, à M. le duc d'Orléans, puis le fit passer de main en main par les présidents à mortier, à Dreux, conseiller du Parlement, père du grand-maître des cérémonies, disant qu'il lisait bien et d'une voix forte, qui serait bien entendue de tous, de la place où il était sur les siéges hauts, derrière les présidents, près de la lanterne de la buvette. On peut juger avec quel silence il fut écouté et combien les yeux et les oreilles se dressèrent vers ce lecteur. »

En réalité Saint-Simon, quelque invraisemblable que soit la

Cette importante affaire etant reglée M. De Mesmes premier president, M. d'Aguesseau Procureur General, et M. d'Auguois greffier en chef du parlement, depositaire des clefs de l'armoire ou etoit enfermé le testament furent ensemble le querir, ils

chose, ne paraît avoir rien compris à des événements auxquels il était mêlé de si près. Le duc d'Orléans au contraire semble avoir manœuvré avec l'habileté d'un de nos stratégistes parlementaires qui triomphent parfois, quand tout est perdu, et déplacent le débat en prétendant seulement établir l'exacte position de la question. Demander au Parlement de casser le testament du monarque glorieux qui venait à peine de mourir eût été, quelque serviles que soient les hommes pour les soleils levants, s'exposer à froisser certaines susceptibilités, le duc d'Orléans s'en garda bien, il demanda, avant toute discussion préalable, d'être mis en possession de cette régence que lui assuraient les lois du royaume. Ce point acquis, tout allait de soi; une fois régent, c'est-à-dire investi de l'autorité suprême, il était tout simple qu'il fît rejetter, une à une, les dispositions qui lui semblaient de nature à le gêner pour exercer cette autorité d'une manière utile à l'Etat.

En tout ceci Saint-Simon n'aperçut que du feu. Le seul intelligent en cette circonstance fut le duc d'Orléans. Il eut cette lucidité tranquille particulière aux paresseux; il eut aussi cette force des corrompus qui ne croyant à rien osent proposer à tous de se vendre et sont presque toujours pris au mot. Villeroy qui ne bougea pas de Versailles lui était acquis; le duc de Guiche, colonel général des gardes françaises, était acheté six cent mille livres et, n'étant pas encore payé, était sûr. Le duc d'Orléans, quelque déclaré athée qu'il fût, dut, ce matin-là, adresser à Dieu la prière bien connue et lui dire : Mon Dieu, préservez-moi de mes amis, quant à mes ennemis je m'en charge. On voit par la malencontreuse algarade de Saint-Simon que ce partisan du régent fut le seul à mettre des bâtons dans les roues, tout en jouant toute la journée le rôle de mouche du coche.

l'apporterent et il fut lu a haute voix, ensuite M. le Duc regent presenta les deux codicilles dont S. A. R. etoit depositaire, le tout fut lu comme il sensuit.

Testament du feu Roy.

Louis etc. Cecy est notre derniere disposition et ordonnance de derniere volonté pour la tutelle du dauphin notre arriere petit fils et pour le conseil de Regence que nous voulons etablir apres notre deceds pendant la minorite du Roy.

Comme par la misericorde infinie de Dieu, la Guerre qui a pendant plusieurs années agité notre Royaume avec des evenemens differents qui ont causé de justes inquiétudes est heureusement terminée nous n'avons presentement rien de plus a cœur que de procurer a nos peuples le soulagement que tant de guerres ne nous ont pas permis de leur donner, et de les mettre en etat de jouïr longtemps des fruits de la paix et d'eloigner ce qui pouroit troubler leur tranquilité, nous croyons dans cette vüe devoir etendre nos soins paternels a prevoir et prevenir autant quil depend de nous les maux dont notre Royaume pouroit etre troublé, si par les ordres de la divine providence notre deceds arrivoit avant que le dauphin notre arriere petit fils eût atteint la 14me année de son age, qui est celuy de sa majorité. C'est ce qui nous engage a pourvoir a sa tutelle et a l'education de sa personne et a former pendant sa minorité un conseil de Regence capable par la prudence, la probité et la grande experience de ceux que nous choisissons pour le composer, de conserver le bon ordre dans le gouvernement de l'Etat, et maintenir nos sujets dans l'obeissance quils doivent au Roy mineur.

Le conseil de Regence sera composé du Duc d'Orleans, chef du conseil, du Duc de Bourbon quand il aura 24 ans accomplis, du duc du Maine, du comte de Toulouze, du chancellier de France, du chef du conseil des finances, du Marechal de Villeroy, des Marechaux de Villars, d'Uxelle, de Talars et d'Harcourt, des 4 Secretaires d'Etat et des controlleurs des finances. Nous les avons choisis pour la connoissance que nous avons de leur capacité, de leurs talents et du fidel attachement quils ont toujour eu pour notre personne et que nous sommes persuadés quils auront de même pour le Roy.

Voulons que la personne du Roy soit sous la tutelle du conseil de Regence, mais comme il est nécessaire que sous cette authorité, une personne d'un merite reconnu et distingué par son rang, soit particulièrement chargée de veiller a la sureté, conservation et education du Roy mineur, nous nommons le Duc du Maine pour avoir cette authorité et remplir cette importante fonction du jour de notre deceds.

Nous nommons aussy pour Gouverneur du Roy

mineur sous l'Authorité du Duc du Maine, le Marechal de Villeroy, qui par sa bonne conduitte, sa probité et ses talens nous a paru meriter d'être honoré de cette marque de notre estime et de notre confiance. Nous sommes persuadés que dans tout ce qui aura rapport a la personne et a l'education du Roy mineur, le duc du Maine et le M^{al} de Villeroy gouvernants tous deux par un même esprit agiront de concert et n'obmettront rien pour luy inspirer des sentimens de vertu et de grandeur d'âme et de Religion que nous souhaitons qu'il conserve toute sa vie.

Voulons que tous les officiers de la maison du Roy mineur soient tenus de reconnoître le duc du Maine, et de luy obeïr en tout ce quil ordonnera pour le fait de leur charge, et qui aura rapport a la personne du Roy mineur, a sa garde et sa sureté, en cas que le duc du Maine vint a manquer avant notre deceds ou pendant la minorité du Roy, nous nommons a sa place le Duc d'Harcourt.

Voulons que toutes les affaires qui doivent etre decidées par l'authorité du Roy, soit concernant la guerre ou la paix, ou l'administration des finances ou qu'il s'agisse du choix des personnes qui doivent remplir les Archevêchez, Évechez, Abbayes et les autres benefices dont la nomination aux charges de la couronne, aux charges de secretaire d'Etat et Controlleur General des finances, a toutes celles des officiers de guerre, tant des troupes de terre que de Marine, et des Galeres, aux officiers de judicature tant des cours superieures que des autres, a celles des finances aux charges de Gouverneurs, et Lieutenants generaux dans les provinces, a celles des Etats majors des places fortes tant frontiéres que des provinces du dedans du Royaume, aux charges de la maison du Roy et generallement a toutes les charges, commissions et emplois auxquels le Roy doit nommer, soit proposé et delibérée au Conseil de la Regence et que les resolutions soient prises a la pluralité des suffrages sans que le duc d'Orléans chef du Conseil de Regence puisse seul et par son authorité particuliere rien determiner, statuer ny ordonner, ou faire expedier aucunes ordres du Roy mineur autrement que suivant l'avis du Conseil de la Regence.

S'il arrivoit qu'il y eut sur quelqu'affaire diversité de sentimens dans le Conseil de la Regence, Ceux qui y assisteront seront obligés de se reunir a deux avis, et celuy du plus grand nombre prevaudra toujours, mais s'il se trouvoit qu'il y eut dans les deux avis egal nombre de suffrages, en ce cas seullement, l'avis du duc d'Orleans comme chef prevaudroit.

Lorsquil s'agira de nommer aux benefices, le confesseur du Roy entrera au conseil de Regence pour y presenter le memoire des benefices vacans et proposer les personnes qu'il croira les plus capables de les remplir, seront aussi admis au Conseil extraordinairement lorsquil sagira de la nomination dés benefices deux Archevêques ou Evêques de ceux qui se trouveront a la Cour et qui seront avertis par l'ordre du Conseil de Regence pour s'y trouver et donner leurs avis sur le choix des sujets qui seront proposés.

Le Conseil de la Regence s'assemblera 4 ou 5 jours de la semaine, le matin dans la chambre ou le cabinet de l'appartement du Roy mineur, et aussitot que le Roy aura dix ans accomplis il pourra y assister quand il voudra non pas pour ordonner ou decider mais pour entendre, et prendre les premieres connoissances des affaires.

En cas d'absence ou d'eloignement du duc d'Orleans celuy qui se trouvera le plus ancien par son rang tiendra le conseil afin que le cours des affaires ne soit point interompu et s'il y a partage de voix la sienne prevaudra.

Il sera tenu registre par le plus ancien secrétaire d'etat qui se trouvera present au Conseil de tout qui sera deliberé et resolu, pour etre ensuite l'expedition faitte au nom du Roy mineur par ceux qui en seront chargés.

Si avant qu'il plaise a Dieu de nous appeller quelqu'un de ceux que nous avons nommé pour composer le Conseil de la Regence decede, ou se trouve hors d'etat d'y entrer, nous nous reservons d'y pourvoir et nommer une autre personne pour remplir la place et nous le ferons par un ecrit qui sera entierement de notre main, ce qui ne paroitra qu'apres notre deceds, et si nous ne nommons personne, le nombre de ceux qui doivent composer le conseil de la Regence demeurera reduit a ceux qui se trouveront vivants au jour de notre mort. Il ne sera fait aucun changement au conseil de la regence, tant que durera la minorité du Roy, et si pendant le temps de cette minorité quelquun de ceux que nous y aurons nommés vient a manquer, la place vacante pourra etre remplie par le choix et deliberation du conseil de la Regence, sans que le nombre de ceux qui doivent le composer puisse etre augmenté et le cas arrivant que plusieurs de ceux qui le composent ne puissent y assister par maladie il faudra toujours quils sy trouvent au moins au nombre de 7 de ceux qui sont nommés pour le composer, afin que les deliberations qui auront eté prises ayent force et authorité, a cet effet dans tous les edits et declarations lettres patentes, provisions et actes, qui doivent etre delivrés dans le conseil de la Regence et qui seront expediés pendant la minorité, il sera fait mention expresse des personnes qui auront assisté au conseil et de ceux sens lesquels les edits, declarations, lettres patentes, et autres actes, et expeditions auront été resolus.

Notre principalle application, pendant notre regence a toujours eté de conserver dans notre Royaume la pureté de la Religion catholique apostolique et Romaine, d'en eloigner toutes sortes de nouveautés et nous avons fait tous nos efforts pour reunir à l'Eglize ceux qui en etoient separés; notre intention est que le Conseil de la Regence maintienne les loix et reglemens que nous avons fait à cet effet, et nous exhortons le Dauphin notre arriere petit fils, l'orsquil sera en âge de gouverner par luy même de ne jamais souffrir quil soit donné atteinte comme aussy de maintenir avec la même fermeté les édits contre les duels, les plus utils pour attirer la benediction de Dieu sur notre posterité et sur notre Royaume et pour la conservation de la noblesse qui en fait la principalle force.

Entre les differens etablissemens que nous avons faits pendant le cours de notre regne, il n'y en a point qui soit plus à l'Etat, que celuy de l'hôtel des Invalides, il est bien juste que les soldats qui par les blessures quils ont reçües a la guerre ou par leurs long service et age, sont hors d'etat de travailler et gagner leur vie, ayent une subsistance assurée pour le reste de leurs jours, et que plusieurs officiers qui sont denués des biens de la fortune y trouvent aussy une retraite honorable; ces fortes raisons doivent engager le Dauphin et tous les Roys nos successeurs a soutenir cet etablissement, et luy accorder une protection particulière. Nous les y exhortons tant qu'il est en notre pouvoir.

La fondation que nous avons faite a St-Cyr pour l'education des 250 d[elles] donnera a l'avenir a nos successeurs un moyen de faire des graces a plusieurs familles de notre Royaume, qui se trouvant chargés d'enfans avec peu de biens, auroient regret de ne pouvoir fournir a la depense necessaire pour leur donner l'education convenable a leur naissance. Nous voulons que si de notre vivant les cinquante mille livres de rentes en fond de terre que nous avons donné pour la fondation ne fussent pas entierement remplies, il soit fait des acquisitions le plus promptement qu'il se poura après notre deceds pour fournir a ce quil sen manquera et que les autres sommes que nous avons assignés a cette fondation sur nos domaines et recette generalle, tant pour augmentation de fondation que pour les dottes des demoiselles qui sortent a l'âge de vingt ans, soit regulierement payées, de sorte qu'en nul cas n'y sur quelque pretexte que ce soit notre fondation ne puisce être diminuée, et quil ne soit donné aucune atteinte a l'union qui a eté faitte de la Mance Abbatialle de S‍ᵗ Denis, comme aussy qu'il ne soit rien changé aux Règlements que nous avons jugé a propos de faire pour le gouvernement de la maison, et pour la qualité des preuves qui doivent etre faites par les demoiselles qui obtiendront les places dans la maison.

Notre intention est que notre edit du mois de juillet dernier en faveur du Duc du Maine, et du comte de Toulouze et de leurs descendants ait pour toujours son entière execution, sans qu'en aucun temps il puisse etre donné atteinte, a ce que nous avons declaré etre de notre volonté.

Nous n'avons eu d'autre vüe, dans toutes les dispositions de notre testament, que le bien de notre Etat, et de nos sujets; nous prions Dieu qu'il benisse notre posterité et qu'il nous fasse la grace de faire un assez bon usage du reste de notre vie, pour effacer nos pechés et obtenir sa misericorde.

Fait à Marly le 2 août 1714 signé Louis.

Premier Codicille du 13 Avril 1715.

Louis etc. par mon testament deposé au Parlement jay nommé le Marechal de Villeroy Gouverneur du Dauphin et jay marqué quelle devoit etre son authorité, et ses fonctions, mon intention est que du moment de mon deceds, jusquà ce que l'ouverture de mon testament ait eté faitte, il ait toute l'authorité sur la maison du jeune Roy, et sur les troupes qui la composent, il ordonnera aux dittes troupes aprés ma mort de se rendre ou sera le jeune Roy pour le mener a Vincennes l'air y etant bon.

Le jeune Roy allant à Vincennes passera par Paris, et ira au Parlement pour y etre fait l'ouverture de mon testament en sa presence et des princes, des ducs et pairs, et autres qui ont droit et qui voudront s'y trouver.

Dans la marche et pour la Seance du jeune Roy au Parlement le Marechal de Villeroy donnera tous les ordres, pour que les gardes du Corps et les gardes francoises et Suises prennent les postes dans les Rües, et au Parlement que l'on a coutume de prendre lorsque les Roys vont au Parlement, en sorte que tout se fasse avec sureté et la dignité convenable.

Le Marechal de Villeroy aura le titre de Gouverneur suivant ce qui est porté dans mon Testament, et aura lœil sur la conduite du jeune Roy quoiquil n'ait pas encore 7 ans accomplis. La Duchesse de Ventadour demeurera ainsy qu'il est accoutumé gouvernante et demeurera chargée des mêmes soins qu'elle a pris jusqu'a present.

Je nomme pour sous gouverneur du Dauphin Saumery qui l'a deja été du dauphin mon petit fils, et Geofreville Lieutenans Generaux de mes armées. Je confirme ce qui est dans mon testament que je veux etre executé en tout ce quil contient.

Fait à Versailles le 13 avril 1715. Signé Louis.

Second Codicille du 23 Août 1715.

Louis etc.... Je nomme precepteur du Dauphin le Sr de Fleury ancien Evêque de Frejus et pour confesseur le P. Le Tellier ce 23e Aout 1715 Signé Louis.

Lorsque le Roy envoya son testament au Parlement il y joignit un Edit pour en demander l'execution, mais plusieurs de ces dispositions furent changées ou interpretées par l'Arrêt qui etablit plusieurs conseils pour le gouvernement du Royaume pendant la minorité, S. A. R., se reservant l'authorité suprême.

Edit du Roy pour le depôt de son Testament.

Louis etc. après les graces infinies, que nous avons reçues de la bonté de Dieu pendant la durée de notre regne ce nous auroit eté une grande consolation sur la fin de nos jours, de sçavoir qu'après nous, notre Couronne auroit passé au Dauphin notre fils, ou au Dauphin notre petit fils qui par leurs grandes vertus et qualités avoient fait concevoir a nos sujets de justes esperances d'un Regne et d'un Gouvernement sage et heureux, mais puisque par l'ordre et l'effet d'une providence, dont nous adorons avec une entiere soumission les decrets impenetrables, nous avons eté affligés presque en même temps de la perte de ces deux princes et que le Dauphin notre arriere petit fils est dans un âge si peu avancé qu'il est fort incertain que nous le puissions voir parvenir a l'âge de 14 ans commencés; qui est celuy de sa majorité, nous croyons etre indispensablement obligés de prevenir le desordre et la confusion qui pouroient arriver dans le Royaume, si au jour quil plaira a Dieu de nous appeller a luy, nous navions pas pourvu a la garde et tutelle du Roy mineur et au choix d'un conseil de Regence tel que nous le jugeons necessaire pour la bonne administration des affaires de l'Etat pendant la minorité du Roy, nous croyons néanmoins par bonnes et justes considerations ne devoir pas rendre public avant ce temps la, le choix que nous faisons des personnes que nous jugeons capables de remplir de si grands et importants emplois, et devoir prendre pour l'execution de nos desseins toutes les précautions que la prudence exige de nous, persuadé que toutes nos vües ne tendant qu'a maintenir la tranquilité dans notre Royaume, tous nos sujets s'y porteront d'eux mêmes avec zéle, comme ils doivent, en ce qui est sur cela de notre volonté.

A ces causes de notre certaine science, pleine puissance et authorité royalle, nous avons par ce present Edit irrevocable, dit, statué et ordonné, disons, statuons et ordonnons voulons et nous plait que l'acte ecrit et signé de notre propre main, renfermé dans un paquet cacheté des Armes de France cy attaché sous le contrescel de notre Chancellier, soit regardé comme notre Testament, et ordonnance de derniere volonté. et soit gardé et conservé en depôt au greffe de notre Cour de Parlement de Paris jusqua la fin de notre vie, voulons que dans le moment qu'il aura plu a Dieu de nous retirer de ce monde, toutes les Chambres de notre Parlement soient assemblées avec les princes de notre maison Royalle et les ducs et pairs du Royaume qui pouront s'y trouver, pour etre fait publiquement ouverture dud. pacquet et apres la lecture de lacte, en etre les dispositions rendües publiques et executées sans quil soit permis a personne d'y contrevenir, et en cet etat seront immediatement apres les duplicata et copies dudit Acte envoyées par les ordres du conseil de la Régence dans tous les Parlemens et autres cours du Royaume pour y etre enregistrés dans les formes ordinaires, Si donnons en mandement a nos amés et féaux, Conseillers, les gens tenant notre cour de Parlement de Paris que notre present Edit, ils ayent a faire publier, registrer, et conserver le dit acte cacheté cy attaché dans le depôt du greffe du dit Parlement, sans que sous quelque pretexte que ce soit il puisse etre ouvert avant notre deceds et que le contenu en notre present Edit et dans le dit Acte, ils ayent a garder, a observer selon leur forme et teneur sans souffrir qu'il y soit contrevenu en quelque sorte et maniere que ce soit, car tel est notre plaisir, et afin que ce soit chose ferme et stable et a toujours nous y avons fait mettre notre scel, donné a Versailles au mois d'Aout l'an 1714 et de notre Regne 71. Signé Louis.

Par le Roy *Phelippaux* et plus bas visa *Voisin* et scellé du grand sceau de cire verte.

Cet Edit avec le testament avoient eté apportés au Parlement le 23 Aout 1714 par M. d'Aguesseau Pr General, et Joly de Fleury, ad^t aussy General.

Le Testament etoit enfermé dans une petite cassette fermant a clef, et ces Mrs etoient authorisés du Roy a declarer que c'etoit son testament.

Le même jour 2 7bre 1715 M. le Cardinal de Noailles donna un mandement pour ordonner des prieres pour le repos de l'âme du Roy, il fut executé avec zele particulièrement à St Germain en laye, ou les Srs Curés et habitans, pour signaller leur reconnoissance des bienfaits quils avoient reçus de Sa Mté, ont fondé a perpetuité une messe haute au jour de son deceds pour transmettre la memoire a leur posterité.

Le 3me 7bre Le Cardinal de Noailles fit faire un service magnifique dans son Eglize Cathedrale de Paris en execution de son mandement du jour precedent.

Le 4 7bre Les Entrailles du feu Roy furent portés en la même Eglize par M. l'abbé du Froulé aumonier de sa Majesté accompagné d'un Exempt et de six gardes du corps portant des flambeaux, ce jour et le suivant se passerent à la Cour en complimens et harangues qui furent faites au Roy et a M. le Duc d'Orleans regent par l'assemblée du Clergé qui se tenoit a Paris, par les Cours superieures et autres Compagnies de la ville.

Le 6 7bre Le cœur du Roy fut porté en l'Eglize de la maison professe des Jesuites, rüe St Antoine a Paris par M. le Cardinal de Rohan, accompagné des Abbés Ducamboust et Morel, aumoniers du Roy conduits par M. Désgranges, M des ceremonies, un Exempt, et six gardes du corps portant des flambeaux. M. le Cardinal en le presentant fit la harangue suivante.

« Recevez mes R. R. P. P. le cœur de Loüis le Grand, triste mais precieux reste du plus grand et du plus puissant prince du monde, il n'est plus; ainsy O mon Dieu toute Majesté disparoit devant vous, et vous etes le seul permanent.

« Ne cherchons point notre consolation dans le souvenir des qualites eclatantes dont ce prince fut orné. Former de grands desseins, les conduire avec sagesse, les executer avec vigueur, se posseder egallement dans la bonne et la mauvaise fortune, vertus brillantes aux yeux des hommes vous rendites autrefois ce cœur ou la terreur ou l'admiration de l'Europe et des pays les plus eloignés.

« Mais de tant de grandeur, la vanité se perd, avec le bruit selon le langage de l'Ecriture, et tout cet amas de gloire seroit inutile pour ce grand Roy, si sa pieté, sa foy vive animée par la charité, sa fermeté toute chrétiennetée, sa résignation parfaitte aux ordres de Dieu, son zele inebranlable pour la verité et la religion, son attention a se purifier par la priere, le sacrifice continuel de ses souffrances qu'il offrit a Dieu, vertus solides qui ont paru dans tout le cours de sa maladie, n'avoient operé en luy le prix eternel d'une souveraine et incomparable gloire.

« Il est mort de cette mort precieuse devant Dieu de cette mort des justes, de qui l'Esperance est pleine d'immortalité, ce sont là, mes Peres, les seules consolations qu'un ministre des Autels puisse proposer a des chretiens et a des Religieux penetrés des plus vifs sentimens du Christianisme, et dont la pieté eclairée sçait faire le discernement de ce qui est veritablement grand aux yeux de Dieu.

« Assistez ce grand prince de vos prieres et de vos sacrifices, vous y etes obligés plus encore, s'il est possible, par reconnoissance que par devoir. Il vous honora pendant sa vie d'une amitié tendre et constante; il a voulu en mourant la conserver a la posterité, en vous faisant les depositaires d'un gage qui vous sera cher et tres respectable. »

Le 7 et 8 7bre furent occupés à preparer le depart du Roy pour Vincennes et la pompe funebre de Louis 14.

Le 9 aprés midy le jeune Roy fut conduit a Vincennes en carosse, il etoit assis sur les genoux de Mme de Ventadour accompagné de M. le Regent, de M. le Duc, le Duc du Maine, le comte de Toulouze, escorté des gardes du corps, des gendarmes et chevaux legers dont les Officiers etoient autour du carosse, il passa sur les ramparts de Paris aux acclamations du Peuple, et arriva sur les 6 heures a Vincennes dont les appartemens etoient tendus de violet qui est la couleur du deuil du Roy.

M. le Regent revint a Paris, et M. le Duc qui etoit destiné a conduire le deuil au convoy du feu Roy se rendit a Versailles.

Sur les 7 heures du soir les Vespres des Morts furent chantées par la musique dans la chambre du Roy ou M. le Cardinal de Rohan officia, ensuite le cercueil fut porté par seize officiers de la chambre et garde robbe dans la salle des gardes ou ceux-cy le prirent et le porterent sur le chariot d'Armes couvert d'un grand poële de velours orné d'armoiries d'argent.

La Marche commença sur les 8 heures du soir conduite par les sieurs de la Chapelle, Capitaine des gardes, les compagnies des Gendarmes, Chevaux legers, gardes du corps, gardes de la porte et de la prévôté de l'hôtel et de 100 Suisses, commandés par leurs Capitaines et Colonels. Le Chariot du corps suivy de celuy du deuil ou étoit le Confesseur du Roy, et M. le curé de Versailles, de ceux des Officiers de la Couronne, de plusieurs Prelats et Seigneurs formoient une marche lugubre mais pompeuse a laquelle se joignirent les officiers des sept Offices et autres de la maison du Roy[1].

---

1. Les obsèques de Louis XIV furent exactement les mêmes que celles de Louis XIII qui, il est vrai, les avait demandées très simples. Rien dans ce cortège funèbre cependant ne justifie l'assertion de M. Henri Martin qui écrit : « On vit bien combien tout était changé en France le jour où l'on conduisit à Saint-Denis,

Le Convoy passa sur le pont de Seve et au travers du parc de Madrid, ou l'on renouvella les flambeaux au nombre de 8 à 900, et arriva sur les 5 heures du matin 10 7bre au grand pavé qui conduit de Paris a Saint-Denis, entre les deux croix dont l'une sappelle la croix panchée et l'autre la Croix des Caves.

En cet endroit dom Robert Marchand, Prieur de St Denis, à la tête de 100 ou 120 moines tous revetus de chappes de velours noir et suivis du Clergé Seculier et Regulier et des officiers de la ville joignit le Convoy.

Toute cette troupe s'ouvrit en deux hayes pour donner passage a ce qui precedoit le chariot du corps. Et M. le Cardinal de Rohan d'un côté et le grand prieur de St Denis de l'autre donnerent de l'Encens au Cercueil, après quoy on se mit en marche en chantant des Pseaumes.

On arriva a la porte de l'abbaye sur les 7 heures du matin ou l'on descendit le Corps du chariot et on le posa a l'entrée de l'Eglize, ou M. le Cardinal le presenta au prieur et a sa communauté leur disant.

Harangue de M. le Cardinal de Rohan.

« Scavants et Sts Religieux dignes ministres de ce temple auguste, que la pieté de nos premiers Roys a

avec un appareil mesquin jusqu'à l'indécence, les restes de Louis XIV. »

consacré au Dieu vivant, et ou le choix de leurs successeurs a fixé 'depuis plusieurs siècles leur derniere
demeure nous venons deposer icy ce qui nous reste
d'un des plus grands Roys qui ayent Gouverné cette
puissante Monarchie, nous venons par l'abaissement
l'aneantissement des Grandeurs rendre hommage à la
majesté de celuy qui Est qui a Eté et qui Sera eter-
nellement.

« Le Prince dont nous pleurons la perte laisse il est
vray des noms fameux après lui, et la posterité la plus
reculée conservera la memoire de Loüis le Grand, le
Victorieux, le Pacifique, l'Azile et le Protecteur des
Roys, mais quelle flateuse idée que nous nous for-
mions de sa Gloire passée rien ne doit etre desormais
compté pour luy, que ses bonnes œuvres seules rece-
vables au Tribunal de la Justice de Dieu, seul gage
de l'immortalité bien heureuse.

« Grâces au Dieu de misericorde, appliqué depuis
longtemps aux exercices d'une pieté pure et sincere,
occupé tout entier des devoirs de la Religion, ne
songeant qu'au moyen de soulager les peuples abbatus
sous le poids d'une guerre aussy longue et penible
quelle fut nécessaire, Le Grand Prince a consommé
sa course avec une fermeté et une resignation, dont il
est peu d'exemples, nous en avons eté les tristes temoins. Au lieu de s'ecrier en ces derniers moments,
O mort que ton souvenir est amer a l'homme qui
jouit paisiblement de ses richesses, il ne pleura jamais

sur luy même ou s'il versa quelques larmes il ne les donna qu'a la douleur de ceux qui l'environnoient.

« Il demanda avec empressement les Sacremens de l'Eglize et il les recut avec consolation et avec joye, ferme sans ostentation, doux et tranquile, mais sans foiblesse il métoit toute sa confiance en son Dieu, il l'invoquoit, il le benissoit sans cesse, soumis a ses ordres souverains et rejettant jusquàux esperances de la guerison parcequ'il en avoit de mieux fondées dans la misericorde du Seigneur.

« Telle a eté la mort de Louis le Grand, mort plus glorieuse pour luy que ne fut tout le cours de son Regne quelque fecond qu'il ait eté en prodiges mais consolante pour nous et edifiante en même temps.

« Allez donc mes R. R. PP. allez aux pieds des Autels offrir au Seigneur vos vœux les plus ardens, pour demander en faveur de ce prince la Couronne qui est promise a ceux qui aiment Dieu, mais tachons aussy par nos prieres, par nos larmes, par nos desirs sincéres de conversion de flechir la justice divine affin quelle arrête ce bras vengeur qui pour la punition de nos offences, nous arrache en si peu d'années tant de Princes illustres, et faisons pour le jeune Roy que le ciel nous a conservé la priere que Jacob mourant faisoit a Dieu pour les enfans de Joseph, benissez Seigneur cet enfant precieux, que le nom de son bisayeul soit invoqué sur luy et que la posterité croisse comme une multitude de dessus la Terre. »

Le Prieur de St Denis repondit par un bel eloge quil fit du feu Roy. Ensuite M. le Cardinal du coté droit et ce pere prieur du côté gauche donnerent de l'eau bénite et de l'encens au corps, que les gardes porterent derriere le Chœur dans son lieu nommé le Chevet. Les coins du poële etoient portés par 4 Religieux et le Prieur celebra la messe parceque M. le Cardinal qui la devoit dire se trouva trop fatigué.

Le Corps du Roy demeura en ce lieu de chevet 40 jours gardé nuit et jour par 2 Relig^x de la maison, 2 gardes du corps et 2 Gardes de la manche avec leurs magnifiques cottes d'armes; on y celebroit tous les jours la messe haute avec autres prières et cela jusquau 21 8bre pour donner au s. Berrin designateur de la Chambre le temps de faire dresser le catalfaque dans le Chœur dont nous donnerons cy dessous la description.

La maison du Roy et les officiers demeurèrent aussy à St Denis jusqua ce jour 21 8bre.

Ceremonies du lit de Justice
tenu par Loüis XV.

Le 12 7bre sur les 2 heures après midi, Sa Majesté partit de Vincennes pour venir a Paris tenir son lit de Justice et confirmer la Regence a S. A. R. M. le Duc d'Orleans.

Ce Prince etoit dans le carosse du Roy avec M^{rs} les Ducs de Bourbon et du Maine, M. le M^{al} de Villeroy et Mme la Duchesse de Ventadour gouvernante de sa Majesté. Le Roy etoit escorté par les gardes du corps, les gendarmes, les chevaux legers, les 2 compagnies, les mousquetaires, les 100 Suisses de la garde, les gardes de la porte et de la prevoté de l'hotel ayant tous leurs officiers a leur tête.

Le Roy fut complimenté a la porte St Anthoine par M. Le Duc de Tresmes gouverneur de Paris qui presenta à sa M^{té} M. Bignon prevôt des Marchands, les Echevins et autres officiers de la ville, les Rües etoient bordés des regiments des gardes francoises et Suisses jusquau Palais.

Le Roy y etant arrivé fut conduit a Ste Chapelle ou M. l'abbé de Champigny tresorier revêtu de ses habits pontificaux le recut et le complimenta a la tête de son Chapitre.

Quatre Presidents et 6 conseillers deputés de toutes les chambres du Parlement assemblées vinrent ensuite recevoir sa M^{té} et la conduisirent a la grande chambre ou elle sassit sous un dais magnifique en son lit de Justice. Les Princes, ducs et Pairs, les Presidents et Conseillers qui y ont droit prirent leur place selon leur rang; le silence fait,

Le Roy dit d'un ton de voix très agreable : « M^{rs} Je suis venu icy pour vous assurer de mon affection. M. Le Chancellier vous dira mes intentions et ma volonté. »

Alors M. le Chancellier sortit de sa place, monta au Trône du Roy ou un genoüil en terre il demanda permission de parler et retournant en sa place, et s'etant levé et couvert il parla avec beaucoup d'eloquence.

Il commença par la perte que la France venoit de faire de Loüis le Grand, il parla de son testament dont cette auguste compagnie avoit été depositaire par une confiance toute particuliere quil avoit en elle qu'ayant eté lu, les conjonctures presentes avoient fait connoître la necessité quil y avoit d'y faire plusieurs changemens. « C'est, dit-il, ce qui a eté fait M^{rs} par l'arrêt qui a eté donné le 2 de ce prés^t mois. Le Roy vient tenir son lit de justice pour confirmer cet arrêt par sa présence et son authorité, il fit ensuite remarquer les justes esperances que la France devoit avoir du jeune Roy successeur de Loüis le grand un si beau modele, étant aisé de connoitre par les mouvemens de sa tendre jeunesse qui ne luy manque que des années pour déveloper et porter jusquau plus haut degré de perfection les vertus qui etoient dans le Roy que la mort vient de nous enlever, exhortant tous les membres de l'État rendre la même obeissance, pendant la minorité du Roy a l'authorité royalle deposée entre les mains de M. le duc d'Orleans regent, quon rendoit au Roi que nous venons de perdre. »

M. le Chancellier ayant finy son discours, M. de

Même premier président avec tous les autres presi-
dens et conseillers se leverent et mirent un genoüil
en terre pour marquer leur hommage et leur soumission aux volontés du Roy et M. le Chancellier les fit
relever par ordre de sa Majesté contente de leur soumission.

M. le Premier President s'etant ensuite decouvert
ce que firent aussitôt tous les autres membres du Parlement, il harangua le Roy au nom de toute la compagnie et fit au nom de tous les membres du
Royaume une protestation inviolable de fidelité generalle.

« Le Parlement dit-il, suplie tres humblement V.
M^{té} d'être bien persuadée de son attachement aux
interets de sa couronne d'une façon plus etroite et
plus immediatte, il considerera toujours comme le
plus indispensable de ses devoirs, celuy d'en soutenir
et d'en deffendre les droits et les priviléges. Ayant ensuite rappellé la memoire de plusieurs minorités, celle
de Clotaire 2, de Philippes Auguste, de St Louis,
de Louis 13 et de Louis 14 pendant lesquelles on
voit que Dieu s'est plu a repandre ses benedictions
particulieres sur le Royaume, Sire, dit-il, tout nous
augure un pareil bonheur. La nature, nos lois et
nos suffrages ont deferé la regence et le gouvernement
de votre Royaume avec un applaudissement universel
a M. le Duc d'Orleans que nous regardons comme
l'ange tutelaire de l'Etat. La sagesse, la prevoyance

de ce grand Prince et son zele pour le bien public suplera a l'âge et l'experience qui manquent a votre M^{té} et nous font esperer qu'il n'aura rien plus a cœur que le soulagement de vos peuples, les deffences des s^{tes} libertés de l'Eglize Gallicane et la splendeur de la justice qui sont les plus fermes appuys de votre Trône. Il finit son discours en demandant la protection de sa M^{té} pour son Parlement afin quil rende la Justice a ses peuples et les decharge en son nom et par son authorité en suivant toujours fidellement les loix et les ordonnances du Royaume. »

Le discours de M. le P. President finy, M^{rs} les gens du Roy, se mirent a genoux pour marque du serment quils prêtoient au nouveau Roy, et M. le Chancellier les ayant fait lever par ordre de sa M^{té}, M. Joly de Fleury l'un des avocats generaux adressa la parolle au Roy en ces termes :

« Sire, la possession publique que votre M^{té} vient de prendre du Trône de ses Ancêtres, cette ceremonie Auguste qui nous imprime le respect ou plutot celuy qui est gravé dans tous les cœurs et le concours de vos plus fideles sujets qui applaudissent aux droits que votre naissance vous donnent semblent etre des sujets de consolation que le Roy nous envoye apres le funeste coup dont il vient de nous frapper. Nous avons perdu un Roy glorieux par la plus eclatante prosperité, glorieux même par le revers de la fortune, grand par toutes les vertus heroïques jusques dans les derniers moments de sa vie, plus grand encore alors par toutes les vertus chretiennes.

« Mais pourquoy renouveller en ce jour votre douleur et la notre? Nous vous possedons Sire, dans le sanctuaire de la justice, vous commencez votre regne et presque votre vie par venir vous asseoir au millieu de nous et honorer de votre presence ceux de vos sujets qui depositaires et interprettes des lois sont plus en état d'apprendre aux peuples combien est indispensable la loy qui engage a vous obeir; vous ne devez trouver icy que des transports de joye qui sont comme nos premiers hommages d'autant plus dignes de vous plaire quils partent du fond de nos cœurs.

« Tout en effet conspire a nous donner les plus douces esperances, c'est au millieu d'une paix profonde qui a eté presque le dernier ouvrage de la sagesse du Roy votre bisayeul qui laisse entre vos mains la destination de ce grand Royaume; l'union qui règne au dedans repond de la tranquilité du dehors; une parfaite unanimité a réunis tous les cœurs de cette compagnie pour deferer la Regence a un prince que la naissance y avoit appellé et nous regardons comme un gage certain de la felicité publique le choix du régent si capable de l'etre, né avec un genie composé de chaque sorte d'esprit que demande les differentes parties du gouvernement, honoré partout pour l'etendue de ses connoissances, chery de tous par les qualités de son cœur, aussy grand par ses talens militaires que par ses vertus pacifiques ; il fera Sire respecter votre authorité au dehors, la fera aimer au dedans et prévenant ces inclinations si pleines de bonté qui éclatent dans toutes les actions de V. M^té il ne se servira de son pouvoir que pour goûter les plaisirs de faire des heureux.

« Nous avons deja, Sire, un gage assuré de son affection pour ses peuples, dans les sages conseils dont il nous a tracé l'idée qui ayant pour objet chaque partie de lordre public se rapportent tous par l'union au conseil suprême de la regence comme a leur centre et formeront par cette heureuse harmonie, le model d'un gouvernement accompli. Les Princes du Sang destinés a être dans ce conseil suprême entreront dans les mêmes sentimens animés par l'exemple de celuy qui en a ete etabli le chef et une noble emulation les fera concourir avec une egalle ardeur a votre gloire, Sire, et au bien de votre Royaume.

« L'heureuse education de V. M^té nous assurera la durée de ces avantages, nous nous la promettons, Sire, de celuy a qui la Surintendance en a eté confiée, c'est à cet ouvrage important qu'il employera tant de grandes qualités qui ont formé en luy cette union si rare mais si precieuse et de la science et de la vertu ; il vous apprendra que la veritable grandeur ne consiste point dans cet eclat exterieur qui vous environne mais dans les vertus biénfaisantes qui vous attireront l'amour des peuples et leur respect interieur, il cultivera dans le cœur de V. M^té ces sentiments de tendresse et d'humanité qui deja y ont pris naissance, cest par luy enfin que vous seréz instruit que la justice est le fondement des Empires et que c'est par elle que les Roys remplissent la premiere et la principalle de leurs obligations, nous esperons, Sire, quelle sera la regle de toutes vos actions, et que vous honorerez, Sire, de votre protection et de votre confiance ceux qui ont eté etablis pour la rendre a votre decharge vous sçaurez un jour, Sire, par les histoires que ce premier tribunal de votre Royaume merite egallement cette protection et cette confiance, que c'est a luy a qui est du en partie le soutien d'une monarchie qui dure depuis tant de siecles et que la fidelité pour nos Roys n'a jamais eté ebranlée dans cette compagnie.

« L'Auguste Pere dont vous etes né, Sire, étoit bien persuadé de ces verités, et de toutes celles qui doivent etre gravées dans le cœur d'un grand Roy, la mort trop prompte a fait perdre un père au peuple aussy bien qua vous, vous occupéz un thrône qu'il occuperoit maintenant luy-même car il auroit tenu la place de votre ayeul digne a jamais d'être regretté par son humanité et par sa douceur.

« On vous dira, Sire, combien vous avez de vertus a nous remplacer. Et nous esperons que cette obligation quelque grande quelle soit ne sera pas un trop grand poids pour votre Majesté, deja notre attention vive et interessee cherche en vous des présages de l'avenir et elle est pleinement satisfaitte de tout ce quelle y trouve, lair de Majesté qui s'allie en vous à la douceur, l'esprit qui brille jusques dans la naïveté de vos discours, des traits de bontés qui ne peuvent partir que de la nature, tout nous promet ce que nous desirons.

« Fasse le ciel que nous voyons croitre tous les jours avec vous des dispositions si heureuses, que parmy tant de regnes fameux dont notre histoire est remplie le votre ait un eclat singulier, et pour renfermer tous nos souhpirs en un seul puissiés vous Sire, egaller les vertus de votre bisayeul et surpasser le nombre de ses années. »

Après ce discours et les conclusions des gens du Roy qui furent pareilles a celles sur lesquelles etoit intervenu l'arret du 2 7ᵇʳᵉ, M. le Chancellier etant monté au Trône du Roy prit ses ordres un genouil en terre il fut ensuite prendre les opinions en commencant par M. le duc d'Orleans, après aux Princes du Sang, aux ducs et pairs tant ecclesiastiques que laïcs, aux marechaux de france, aux Presidents, Conseillers et autres personnes qui ont voix deliberative selon leur rang; les opinions prises Mr le Chancellier en fut rendre compte au Roy, et s'etant remis a sa place et couvert, il prononça au nom du Roy l'arrêt solennel qui confirma la regence du Royaume a S. A. R. M. le Duc d'Orleans.

Après la prononciation de l'arrêt, le Roy fut reconduit avec les mêmes ceremonies quil avoit été recu et ayant passé par diverses rües de Paris aux acclamations du peuple, il fit jetter plusieurs pieces d'or et d'argent. Il fut ramené au Chateau de Vincennes et pour signaler son joyeux avenement a la Couronne par un acte authentique de clemence et de bonté il fit ouvrir les prisons a quantité de personnes de toutes conditions qui y etoient detenues, il fit rappeller aussy plusieurs autres exilés dans les provinces par des lettres de cachet.

Nous avons dit cy devant que les officiers de la maison du Roy etoient demeurés a Saint-Denis jusquau jour de ses obseques : pendant ces jours, le R. P. Robert Marchand grand Prieur de ce Royal monastere ayant eu conversation avec le S. Anthoine l'ainé, Ecuyer, porte arquebuze de sa Majesté ayant, marqué que ces Religieux auroient souhaité ardemment avoir dans le Tresor de leur Eglize quelque monument de Loüis 14 comme ils en ont de plusieurs autres Roys, le S. Anthoine etant bien aise de contribuer a la memoire du Roy, dont il avoit eu l'honneur d'etre fort consideré, offrit de cœur de faire present d'une paire de Pistolets qui avoient servi a ce grand Prince ; ce que le P. Prieur ayant accepté, la delivrance que le Sr Anthoine en fit le lendemain fut enregistrée sur le grand livre du Tresor de la ditte Abbaye et signée du sieur Anthoine. En voicy l'acte.

Le 17 7ᵇʳᵉ 1715 ont eté donnés pour garder dans le Thresor Royal de l'Abbaye deux pistolets montés d'yvoire d'amasquinés en or, a deux canons chacun et deux platines, lesquels avoient eté donnés au Roy Louis 14 par la ville d'Ex la Chapelle étant a la tête de son armée dans sa campagne d'Hollande, et que peu aprés Sa Mᵗᵉ fit l'honneur a M. Anthoine son porte Arquebuze de les luy donner [1], lequel a la priere d'un Religieux de la communauté de Sᵗ Denis les a donnés au dit trésor pour honorer dans cette maison la mémoire de son bon maitre, et luy marquer par la son respect profond et son entier devouement. Et ont signé par ordre grand du Prieur de Sᵗ Denis fʳᵉ Pierre Michon trésorier a Sᵗ Denis, fʳᵉ Faverolles, tresorier de l'abbaye de Sᵗ Denis et fʳᵉ Eloy Le Doux Pˢᵉᵘʳ de Theologie.

Il n'arriva rien de particulier a la Cour depuis ce temps que les compliments de condoleances sur la mort de Louis 14 et de conjouissance sur l'avenement de Loüis 15 et la Regence de M. le Duc d'Orleans qui furent faits par les Ambassadeurs et Residens des Princes Etrangers ou des Princes du Royaume.

Cependant on travailloit avec empressement a la construction du Catafalque que le S. Berrin acheva le 20 8ᵇʳᵉ. Nous rapporterons les Tableaux et les Em-

---

1. Nous avons vu dans l'*État de France* que les armes dont le roi ne se servait plus revenaient aux porte-arquebuse; mais cette fois, ce semble, il s'agissait d'un cadeau spécial.

blemes qui etoient entre les Pilastres de cette superbe et lugubre decoration qui a surpassé jusqua ce jour tout ce quon avoit vu dans ce genre.

Le Catafalque etoit elevé jusqua la voute de l'Eglize orné de statues d'or et d'argent qui repre-sentoient les vertus du Roy deffunt; on y montoit par plusieurs degrés couverts de velours noirs et frangés d'argent comme le Poele qui couvroit le cercueil, tout le tour du cœur etoit orné d'architectures entre les pilastres duquel il y avoit des tableaux ou des emblèmes.

Le premier tableau du coté de l'Evangille représentant la Justice tenant d'une main une epée nüe et de l'autre une balance ayant a ses pieds plusieurs hommes peris de coups avec cette inscription :

Singularia certamina proscripta
Les duels proscrits.

Dans le 2me Tableau le Roy etoit representé foullant aux pieds une hydre et des Temples renversés avec ces mots :

Heresis et Impietas profligata
La destruction de l'Hérésie et de l'Impieté.

Le 3me Tableau representoit la Religion tenant une croix et un calice sur un autel devant lequel plusieurs

Orientaux se prosternoient avec des missionnaires francois a coté d'eux avec ces mots:

Apud infideles ministri
Les Missions Etrangères.

Dans le 4ᵉ le Roy etoit representé au millieu de ses ministres avec ces parolles

Assidua in Consiliis presentia
L'assiduité a se trouver aux Conseils.

On voyoit dans le 5ᵐᵉ Tableau le Roy assis dans un fauteuil ayant a ses pieds les differents genies et des Sciences avec des palais et un port rempli de vaisseaux avec ces mots

Bonæ artes amplificatæ
Les Arts et les Sciences favorisées

Le 6ᵐᵉ Tableau representoit le Roy dans son trône recevant des Ambassadeurs des pays éloignés, de Perse d'Alger, de Maroc, tous a genoux a ses pieds et d'autres qui debarquoient des vaisseaux dans un port de mer avec ces mots

Extremo ab orbe oratores
Des ambassadeurs des pays les plus eloignés.

Dans le 7ᵐᵉ Tableau, le Roy etoit a cheval voyant ses troupes passer le Rhin a la nage a la vüe des en-

nemis postés sur l'autre rive du fleuve avec ces parolles

Inatata flumina, hoste inspectante
Les fleuves passés a la vue de l'Ennemy.

Le Tableau qui commençoit le rang du coté de
l'Epitre etoit un passage rempli de villes et forteresses
avec cette legende :

Trecente aries expugnatæ
Trois cens villes ou forteresses prises.

Le... étoit l'Elevation d'une place fortifiée regulierement avec ces parolles

Galliæ fines propugnaculis munita
Les frontières du Royaume deffendues par de nouvelles
fortifications.

Dans... Tableau on voyoit la paix tenant d'une
main une branche d'olivier, et de l'autre un flam-
beau dont elle bruloit des armes et des boucliers, et
au fond du tableau on decouvroit le magnifique temple
de la paix avec ces mots,

Pax Bellicæ laudi prælata
La paix preferée à la guerre.

Le... Tableau representoit une femme debout
couronnée d'epis de bleds et tenant a sa main une
poignée d'épis et un port de mer ou abordoient des
vaisseaux chargés avec ces mots

Inopia sublevata
Le secours donné aux peuples dans le temps de la disette.

Le... Tableau faisoit voir le Roy debout recevant plusieurs Roys et princes qui viennent se mettre sous sa protection avec cette legende

Perfugium Regibus
L'Azile donné aux Roys etrangers.

Dans le... Tableau on voyoit le Roy debout sous un dais ayant a sa droite le Duc d'Anjou aujourdhuy Philippe cinq Roy d'Espagne, et recevant les complimens des Ambassadeurs de cette nation avec ces parolles :

Rex Hispanis datus
Un Roy donné aux Espagnols.

Le... Tableau qui repondoit au mosolé, etoit le Roy assis sur un vaze ayant a ses cotés une femme appuyée sur une colonne representant la Force et la Constance avec des batailles perdues et des tombeaux et des sepulchres representant la mort des Princes de France avec ces mots

Adversa fortiter accepta
La fermeté du Roy dans les adversités.

Le... et dernier Tableau au bas du cœur a gauche representoit le Roy au lit de la mort environné des Princes et des Princesses du Sang a qui il dit un dernier adieu avec cete legende

Ad Extremum pietas inconcussa
La Piété du Roy inébranlable jusqu'à la fin.

Ces tableaux etoient entremêlés d'emblèmes dans des medaillons. Dans le 1er etoit une Epée et des... avec une hache d'armes en sautoir et ces mots

Severitas Salutifera
La Sévérité Salutaire.

Second Médaillon un autel couronné de lauriers avec ces paroles

Religio victrix
La Religion triomphante.

3e Medaillon une croix entourée de lumiere et au-dessus un Turban a la Turque, a la Persienne, à la Chinoise et autres dont les infidelles se servent et ces mots

Fidei propagatio
La Propagation de la foy.

4me Medaillon, un sceptre et une main de justice liés ensemble avec une couronne royalle et au dessus ces mots

Cura Imperii indefessa
L'assiduité dans le Gouvernement.

5me Medaillon plusieurs instruments de Mathematiques et de Mecaniques mêles ensemble avec cette legende

Liberalitas et Magnificentia
La liberalité et la grandeur.

6me Medaillon deux caducées liées ensemble avec ces parolles

Par Imperiis majestas
Majeste Egalle aux Empires.

7me Medaillon une cotte d'armes surmontée d'une couronne de lauriers et d'une couronne Royalle avec ces mots

Virtuti fortuna obsequens
La fortune secondant la vertu.

8me Medaillon, plusieurs couronnes se soutenant les unes les autres avec ces parolles

Vis Consilio firmata
La force affermie par le conseil.

9me Medaillon des instrumens de Mathematiques et des fortifications avec ces mots :

Prudentiæ Custos
La Prudence source de sureté.

10me Medaillon deux cornes d'abondance passées dans une couronne d'oliviers avec ces mots,

Paterna in populos charitas
Charité paternelle envers les peuples.

11me Med^{on}, deux Couronnes liées ensemble, une de branches de Chênes et l'autre d'Epis de bled avec ces mots :

Providentia opifera
La Providence secourable.

12me Medaillon les armes de France et d'Espagne attachés aux oliviers avec ces mots

Splendor Imperii Gallici
L'Éclat de l'Empire de France.

13me et d^er Med^on Etoit un phenix sur un bûcher pret a se consumer avec ces parolles

Suprema Laus Christiani principis
Les derniers honneurs d'un prince Chrétien.

Au dessous de la porte qui separe le chœur de la nef de l'Eglize il y avoit un ecritau en gros caractere d'or portant ces parolles

Immortali memoriæ Ludovici magni
A la mémoire immortelle de Louis le Grand.

Le 21 8bre, sur le soir, le corps du Roy fut apporté du chevet de l'Eglize de St Denis dans le chœur et apporté dans le catafalque par 12 gardes du corps suivis des Religieux de l'Abbaye, le cierge en main, les anciens portoient les honneurs qu'on avoit portés, sur le cercueil et chantoient des pseaumes. Tous les Princes, Prélats, Seigneurs et officiers se trouverent a cette ceremonie avec plusieurs Ambassadeurs et sur les 5 heures l'on chanta les vespres des morts.

Et le lendemain 22 8bre les Religieux chanterent les Matines des morts de très grand matin ; on entra au chœur sur les 11 heures pour les obseques, ou

M. le Cardinal de Rohan officia, il y eut pour diacre et soudiacre d'honneur MM^{grs} les Eveques de Beauvais et de Séez, des Eveques et d'autres pour assistans, et les autres officiers etoient en partie de la chapelle du Roy et en partie de l'abbaye d'Eux, lesquels chanterent l'Epitre et l'Evangile et communierent sous les deux Especes avec le Celebrant, ce qui est un ancien usage ou privilege de cette royalle Abbaye dont le chantre porta son gallon couvert d'un grand crepe Noir.

La Messe fut chantée par la musique du Roy ou M. le Regent, M. le Duc, M. le comte de Charolois plus proches Princes du Sang firent les offrandes et Mr de Beausen Eveque de Castres prononça l'oraison funébre.

Après la Messe furent faites cinq absolutions au mosolé par les cinq prelats officians : la 1re par Monsieur..., la 2me par M. D'Angers, la 3me par M. de Seez, la 4me par M. de Beauvais, et la 5me par M. le Cardinal de Rohan.

Aprés ces prières, le Roy et les Heraults d'armes approcherent et firent les appellations des honneurs des grands officiers quils apporterent et jetterent les uns aprés les autres dans le caveau ou l'on alloit mettre le corps du Roy, que les gardes du corps apportèrent ensuite, et le descendirent dans même caveau ou étoit celuy du feu Roy Louis 13 et des autres Roys de la maison de Bourbon, et où ils attendent la Resurrection generale.

Portrait de Louis XIV.

Le Roy Louis 14 etoit tres bien pris et proportionné dans sa taille, d'une hauteur asséz grande, ses cheveux etoient châtains bruns fort longs (et naturellement enflés,) il les garda assez longtemps, il avoit le teint vif et fort blanc les traits reguliers et parfaitement beaux, les yeux grands et doux levant sur le bleu, le nez un peu long aquilin; le front large uny et toujours serein, la bouche très belle vermeille et bien proportionnée qui charmoit par ses sourires et par les parolles qui en sortoient. Le ton de sa voix etoit doux et agreable qui charmoit ceux a qui il parloit, ses dents n'ont jamais été très belles mais bien rangées, il les a même perdues de bonne heure. Sa démarche etoit grave sans fierté, noble sans orgueil et mezurée sans affectation.

Il etoit de ces beautés mâles qui ne craignent ny le froid, ny le chaud, ny les fatigues de la chasse, ny les travaux de la guerre, en un mot la nature avoit repandu sur sa personne un tel air de grandeur et de Majesté que sans l'avoir jamais vu, on le connoissoit sans sy méprendre parmy tous les plus grands Seigneurs de sa cour, et en le voyant on etoit obligé d'avouer que s'il n'eut pas été roi il eut paru digne de l'être et que s'il n'eut pas commandé aux François

par droit de naissance, il eut merité de le faire par
cet air de heros, et de Majesté Royalle.

Les plus assurés et hardis trembloient en sa presence l'orateur le plus assuré de son esprit et de son
eloquence etoit intimidé a son seul abord. Son air si
majestueux imprimoit la crainte, tandis que ses ma-
niéres honnêtes, gracieuses et obligeantes inspiroient
de l'amour et du respect, on ne pouvoit l'approcher,
le voir, ny lui parler sans le craindre et l'aimer tout
ensemble. Il etoit celuy de toute sa cour qui avoit le
plus d'aptitude et d'adresse pour tous les exercices
d'Academie, il a dancé avec une grâce et une justesse
admirable, et jamais d'homme ne s'est mieux servi
d'un cheval que lui.

Si Louis 14 avoit toutes les qualités requises
pour faire un corps parfait et accompli, il avoit au
dedans de luy-même toutes celles qui etoient necessaires pour rendre un esprit grand, juste, solide, aisé.
naturel et penetrant. Il etoit même plein d'un noble
feu, quelque fois il le faisoit briller avec admiration
mais en même temps il avoit une flegme qui le rendoit maître de ses saillies, et on a même remarqué
quil ne luy a jamais rien echappé dans la chaleur du
discours qu'on eût pu mieux exprimer après y avoir
longtemps pensé ; son bon naturel a toujours paru
envers tout le monde, principallement envers la Reine
sa mère ; il conserva toujours pour elle les mêmes
sentimens de respect, d'attachement, de tendresse, et

de soumission qu'il eut dès son enfance, et on peut
bien dire que, tant que vécut cette grande et vertueuse princesse, Louis 14 sur cet article, ne sortit de
sa minorité.

Il nâquit pour ainsy dire au millieu de la guerre
et fut elevé par la Reyne sa mère dans les troubles
intestins qui ravagérent le Royaume pendant sa minorité, toujours exposé à des perils continuels dans les
premiéres années de son reigne, animé par les beaux
faits de ses illustres ancêtres, et surtout du Roy
Henry le grand, que ses precepteurs et gouverneurs
luy proposoient toujours pour modele, plein d'une
noble ardeur de devenir heros luy-même, son incli-
nation dominante fut pour la guerre, il obeit pour
l'apprendre et se perfectionner dans le grand art de
vaincre, ses grands exploits ont fait connoître a tout
l'univers combien il a reussy.

Jamais heros n'a fait en sa personne un si bel as-
semblage que luy de lumiere dans ses conseils, de
sagesse dans ses desseins, de secret dans ses résolutions, de prudence dans ses entreprises, de celerité
dans ses executions, d'intrepidité dans les perils, de
courage dans ses actions, de fermeté dans la resis-
tance, de prevoyance dans les evenements, d'ex-
pédient contre les obstacles et de ressources dans
les revers. Maître des cœurs en louant et gracieusement a propos l'officier, en recompensant li-
berallement le soldat, il étoit parfaitement secondé

dans ses entreprises et dans une grande action sa presence valloit plusieurs regimens.

Il aima la guerre il ne refusa jamais la paix quand on la luy offroit a des conditions justes et raisonnables; on le vit interrompre le torrent de ses victoires et s'arrêter tout court au millieu d'un pays ennemy dont la conquête entière luy etoit assurée, pour écouter favorablement des propositions de paix qu'on luy faisoit, mais il étoit fier, redoutable, et audacieux a un ennemy opiniâtre, doux et condescendant envers celuy qui se rangeoit a son devoir, et son cœur vraiment pacifique conduisoit ses pas jusqu'ou il étoit necessaire et utile de vaincre.

Le grand cœur, le courage heroïque de Louis ne parut jamais avec plus d'eclat que dans les revers qui sont arrivés sur la fin de sa vie, mais il est bien difficille de se voir vaincu avec patience et tranquilité quand on est accoutumé de vaincre avec gloire et eclat. Plus le sejour de la fortune nous est long, plus sa retraite nous est amere, et plus ses caresses et ses faveurs ont eté grandes et excessives, plus ses disgraces paroissent accablantes et insuportables. Jamais souverain n'a reçu de la fortune des faveurs si considerables, n'y si glorieuses que Louis 14, il en est peu qui sur la fin de leur vie en ayent ressenti plus de disgraces plus cuisantes et plus ameres, mais veritablement grand dans les unes et dans les autres, il ne fut n'y ébloui par les premieres ny terrassé par les dernieres.

Modéré dans les evenemens les plus glorieux, une constance heroique l'eleva au dessus des mortels; montrant par sa moderation que rien ne pouvoit l'abattre, on doutera éternellement laquelle des deux on luy vit mieux supporter de la bonne ou de la mauvaise fortune. La perte des Batailles, la prise de ses Villes, l'approche des Ennemis de sa Capitalle, ce qu'il avoit de plus cher et de plus precieux dans sa famille des plus nombreuses et des mieux établies, ravis si précipitamment que les larmes repandües pour la perte d'un Prince etoient necessairement meslées et confondüës avec celles qu'on donnoit à l'autre prince qui suivoit le même sort, trois Dauphins morts dans le cours d'une même année, une princesse digne epouze du second jointe a luy sous le même catafalque, une Reyne les delices d'Espagne, qui faisoit la joye de Louis quatorze, tous enlevés les uns peu apres les autres, furent les epreuves les plus sensibles et les plus accablantes qui pouvoient arriver au courage intrepide du Roy.

Son cœur sous des coups aussy vifs et si precipitamment redoublés fut toujours entier, ferme et inébranlable, non par indolence et insensibilité mais par piété et par Religion; il reçut les disgraces de la part de Dieu qui les luy envoyoit, il adora la main qui le frappoit, il reconnut sous ces coups un pere qui le chatioit, mais toutes ces pertes furent autant de sacrifices de sa tendresse et de sa soumission quil of-

froit au tout puissant pour ses offences passées. On
peut dire que dans tous ses malheurs l'indolence, et
l'insensibilité n'eurent jamais de part, etant même des
plus tendres et des plus sensibles. Il fut un temps, on
ne le peut dissimuler, ou dans le feu de la jeunesse et
le bouillon des passions il en suivit trop le penchant;
renfermant dans sa personne toutes les graces et les
attraits immaginables pour se faire aimer, pour peu
qu'il s'ouvrit a un cœur, il etoit bientot rendu, il
aima et il fut aimé. La Reyne, son Epouse, cachait les
peines quelle pouvoit en avoir, et soupiroit plus pour
le salut du Roy que pour les marques de sa tendresse.
Au milieu de ce foible qui a eté celuy des plus grands
hommes, le Roy néanmoins conserva toujours pour
la Reyne son Epouze un attachement sincere, et une
estime très particulière pour son merite sa vertu, sa
douceur et sa devotion, ayant eu toute la complaisance immaginable pour elle. Dans la triste nouvelle qu'on lui apporta de son deceds, le Roy s'ecria
tout haut : hélas! le seul chagrin que la Reyne m'ait
donné est celuy de sa mort!

Une des inclinations dominantes du Roy fut la
somptuosité et la magnificence en general. Jamais
souverain ne la porta plus loin, tant dans ses meubles
que ses habillemens ses équipages d'ecuries, de ve-
nerie, de fauconnerie, dans les officiers de sa maison,
des bâtiments et jardin des maisons Royalles, qui n'a-
voient avant luy aucun air de grandeur ny de pro-

preté et qui ont maintenant la magnificence des Roys et la propreté des particuliers, qui se voyent dans les Chateaux de St Germain en laye, Versailles, Fontainebleau, Marly, Meudon, Chambors et les autres batiments du Louvre de Paris et des places publiques, comme aussy dans un nombre infiny de fortifications, de places et de citadelles, et dans un monument éternel bâty pour la retraitte des officiers et soldats qui ne sont plus en etat de servir qui est le grand et somptueux bâtiment nommé Hotel de Mars ou les Invalides; de plusieurs Eglizes baties ou reparées par les soins de ce grand Prince qui ont eté de nos jours et qui seront dans la posterité la plus reculée, le plus digne objet d'admiration tant des François que des etrangers.

L'uniformité regna toujours dans la conduite de Louis 14 ; ce qu'il fit un jour on le luy vit faire presque tous les jours de sa vie ; tout y etoit fixé, ses prieres son repos, ses repas, ses voyages, ses délassements, ses parties de plaisir, les jours de chasse differens selon le temps, les saisons. Sujet plus que pas un autre a toutes les loix qu'il s'etoit prescrittes luy-même et très fidel a les observer, assidu aux heures marquées pour ses conseils, et très exact pour les assemblées, et pour recevoir les ambassadeurs qui luy etoient envoyés de toutes parts, il quittoit tout pour se rendre aux heures, il animoit par son exemple les autres au travail, voulant soumettre ses differens desirs aux loix qu'il s'etoit prescrittes luy-même et qu'il s'etoit imposées.

Cette constante uniformité provenoit de la fermeté de son esprit, il regloit tout avec tant de mesure, et de circonspection, quil se trouvoit très rarement obligé d'abandonner ses premieres resolutions. Il reflechissoit murement avant de rien entreprendre, mais une fois resolu, il ne changeoit pas facilement, cest ce qui l'avoit rendu si absolu dans l'execution de ses volontés. S'il eut l'esprit ferme, son cœur ne fut pas moins constant. Combien a t on vu de courtisans eprouver les effets de cette constante bonté du Roy? Une fois prevenu favorablement pour quelque grand ou petit les faveurs, les graces et les bienfaits leur etoient departis en abondance, ce qui faisoit quil etoit aussy tot accablé de jaloux que favorisé.

La maniere gratieuse dont ce grand Prince accompagnoit ses bienfaits etoit encore plus estimable, plus agreable et plus glorieuse a ceux qui les recoivent que le don qu'il leur avoit fait quelque grand qu'il put être.

La malheureuse situation des souverains qui se trouvent sur le Trône dans l'enfance et quasi dans le berceau fut celle de Louis 14. Ce temps ou un Etat est comme en proye et en combustion pendant une minorité soit dans les finances, soit dans la guerre, qui étoit dans ce Royaume et au dehors depuis un grand temps, fut peu propre a l'avancer dans les Etudes; mais si ce grand prince ne fut pas avancé dans les Sciences, par la force de son esprit, il en connut tout le prix, il leur partagea plus quaucun Prince qui ait gouverné cette monarchie et ce sera dans toute la posterité, un des plus grands prodiges du Regne de Louis 14 quun Roy sans lettres et sans etudes, aye plus rassemblé de grands hommes en toute espece de litterature, d'arts, de mechaniques, et en general de toutes les sciences durant le cours de son regne, que tous les siecles passés n'en ont pu fournir ensemble. Le Roy aimoit naturellement la société, mais il etoit quelquefois obligé par politique d'être reservé par un fond de bonté, il craignoit qu'en se familiarisant trop, on ne perdit le respect a son egard, et qu'on ne l'obligeat a se fâcher et a faire ressentir a ceux qui en abuseroient son courroux et tout le poids de son authorité, il avoit néanmoins de ces doux moments dans le secret, il conferoit famillièrement avec ses domestiques et ceux qui avoient l'honneur de sa confiance.

Il se montroit alors tel qu'il etoit depouillé pour ainsy dire de sa grande majesté, et comme descendu du Trône par sa douceur, son humanité et sa facilité dans le commerce, avec ses moindres officiers de maniere quil sembloit quil oublioit quil fut Roy pour se montrer homme comme eux et s'il leur faisoit connoître dans ces heureuses conjonctures quil etoit leur maitre, cetoit par les marques de sa bienveillance en les comblant de graces et de bienfaits.

Louis 14 n'authorisa jamais aucun crime, s'etant fait une loy de les punir severement; plein d'estime pour

la pieté, il respecta toujours ceux qui la pratiquoient;
equitable dans ses jugemens, il n'ecouta pas aise-
ment les mauvais bruits, que forment les passions, il
prefera de tomber a l'egard du prochain dans une
trop grande facilité a en croire du bien, plutôt que
de l'exposer au danger d'en croire temerairement du
mal, et voulant que tous ceux qui approchoient de sa
personne Royalle l'imitassent en cela, ennemy mortel
de la medisance et de la calomnie, personne ne tomba
impunément dans ce vice en sa présence.

Il en donna un exemple à l'égard d'un Seigneur
de sa cour qui d'un style satirique reprenoit un jour
en sa presence la sotte vanité d'une personne absente
qui s'en faisoit fort accroire, et qui finissant sa satire
dit : Sire, on feroit un grand livre de ce qu'il ne scait
pas; aussitôt le Roy luy repondit d'un ton asséz sec
et imposant : Monsieur, on en feroit un bien petit de
ce que vous scavèz. Il eut toujours le mensonge et la
fausseté en grande horreur car il faisoit de la droiture
de son cœur, sa vertu favorite et le principe de toutes
ses actions.

Son zele pour la Religion etoit sans egal ce qui le
portoit a tout entreprendre pour la soutenir, rien
n'etoit capable de l'arrêter dans ce quil croyoit de
bonne foy utile à concourir a l'avantage de l'Églize,
et a la gloire de Dieu; les ligues les plus formidables,
les murmures publics, les revoltes intestines de plusieurs de ses sujets, en un mot toute la Politique hu-

maine ne furent jamais des obstacles a ses pieux desseins, il les meprisa et les surmonta.

La Revocation du fameux Edit de Nantes qui purge entierement le Royaume du venin de l'Erreur qui l'infectoit depuis tant d'années, les loix severes portées contre cette folle passion, si enracinée dans le cœur de la noblesse, contre ce funeste point d'honneur auquel depuis tant de siecles on sacrifioit, au moindre coup d'œil, sa vie, sa fortune et son salut; cette generosité compatissante avec laquelle il a reçu dans ses bras et sous sa protection plusieurs Roys, Reynes, et princesses depouillés seront des monuments eternels de sa charité et de sa pieté, ainsy que la maladie dont nous avons fait le detail au vray dans ce petit journal historique, dans lequel nous avons fait connoitre que si Louis 14 ce grand Roy a regné en heros, il est mort en roy très Chretien.

Harangue au Roy Louis 15
par M. Sort, avocat général au grand Conseil.

Nous nous presentons au Trône de votre Majesté pour y renouveller le serment de notre fidelité, nous esperons retrouver en vous la sagesse du Dauphin votre Père, la douceur de votre Ayeul et la gloire du Roy votre Bisayeul auquel vous succédéz. Les exemples du Prince Regent raniment deja les Cendres, la sagesse formera votre cœur et la main de Dieu fera le reste.

Les pieces suivantes
regardent la Regence de Louis Quinze[1]

Lettre du 3 7bre 1715. Sur ce qui s'est passé au Parlement au sujet de la Regence accordée a M. le Duc d'Orleans.

Je ne puis me dispenser Monsieur de vous marquer les grands evenements qui se sont passés depuis 2 jours.

Je suis ravi que cela me procure l'honneur de vous ecrire. Dimanche premier 7bre le Roy mourut a huit heures et 1/4 du matin, il avoit pendant sa maladie donne la Regence a Monseigneur le duc d'Orleans avec le commandement des troupes, la garde et tutelle de la personne du Prince a M. le Duc du Maine, la charge de gouverneur a M. de Villeroy, celle de Precepteur à M. l'abbé Fleury qui a quitté l'Eveché de Frejus.

Aussitôt après la mort du Roy, il y eut de grands

---

1. Nous reproduisons ces pièces, qui se trouvent à la suite du manuscrit, et relatent des faits déjà connus, en raison de quelques légères variantes qu'elles contiennent.

Le discours du duc d'Orléans au Parlement est à peu près identique à celui que les Anthoine ont donné précédemment. On remarquera cependant que, dans la première version, le duc d'Orléans demande que la Régence lui soit décernée avant la lecture du testament de Louis XIV, tandis que dans la seconde il demande seulement que ses droits soient constatés immédiatement après que le testament aura été ouvert.

debats entre M. le duc d'Orleans, et M. le duc du Maine; vous en voiréz le sujet plus bas dans la relation dans ce qui s'est passé au Parlement hier Lundy.

Deux heures apres la mort du Roy M. d'Orleans envoya chercher M. le Cardinal de Noailles, le reçut avec tout l'honneur et l'amitié possible, le tint quelque temps serré en l'embrassant, de là M. le Cardinal passa chez le Roy Louis 15 pour lui faire serment de fidelité comme avoient fait auparavant M^{rs} les Princes, ducs et pairs, il fut ensuite chéz M. de Villeroy chéz qui etoit M. de Laon et quelques autres Evêques opposés a son Eminence. Le Laquais qui l'annonca dit : M. le Cardinal de Noailles demande s'il ne vous incommodera point.

Le Duc avec de grands hélas, repondit en allant au devant de ce prelat : M. le Cardinal peut il me demander s'il m'incomodera, c'est la personne que j'aime le plus au monde, les autres Evêques parlerent et se retirerent. M^r d'Orleans envoya aussy un courier a Mr de Chalons et de Metz pour leur dire quils pouroient revenir quand ils voudroient a Paris.

Hier M. le duc d'Orléans, les autres Princes et Ducs et pairs furent au Parlement a huit heures et demye du matin.

Primo : le duc d'Orleans, par un discours fort poly et fort eloquent, demanda avant toutes choses la Regence, comme elle luy appartient par droit de naissance, l'on luy accorda.

Secundo : il demanda l'ouverture des Testamens et Codicilles du Roy, par lequel la Regence du duc d'Orleans etoit si limitée, quil ne luy auroit resté que le nom, si le testament eut eté executé. Pendant qu'on le lisoit, il s'eleva un bruit sourd. M. le Pr President qui est du parti du duc du Maine, en faveur de qui ce testament est fait dit : il faut ecouter car ce testament est notre loy, apres l'arrêt que nous avons rendu par lequel nous promettons de l'executer ; il s'eleva sur le champ un murmure universel qui demonta le Premier president.

Tertio : apres la lecture du Testament et Codicilles, Mr le duc d'Orléans dit qu'a l'egard du conseil de la Regence etabli par le Roy, entre les conseillers etoit le P. le Tellier, il demanda qu'il fut detruit, que M. le Duc fut chef du Conseil de la Regence, sous son authorité, comme etoit le Prince de Condé, son bisayeul, qui eut la liberté de former son Conseil de gens choisis et accredités dans le Public, et agreables a la Compagnie a laquelle il fera part du choix qu'il aura fait sans etre abstraint à suivre la pluralité des voix, cela a passé.

4° : Sur la garde et tutelle, M. le Duc d'Orleans a dit qu'il ne pretendoit pas s'en mêler, quelle etoit sagement établie et que si le Roy ne l'avoit fait, il auroit prié le Parlement d'y pourvoir, quil n'y avoit que quelques points a observer. Le 1er est que l'authorité sur la maison du Roy que le duc du

Maine pretendoit avoir, et qui a eté un des points le plus vivement contesté a Versailles, etoit une chose monstrueuse, dangereuse pour la tranquilité publique et contre toutes sortes de regles et de raison. Si l'on scavoit qui a donné ce conseil il meriteroit d'etre puny, car c'est vouloir lever l'etendart d'une guerre civille.

M. le duc d'Orleans demanda a cet egard le commandement sur toute la maison du Roy comme sur les autres troupes. Le 2e que M. le duc du Maine n'eut que la qualité de Surintendant de l'éducation et garde du Roy et le commandement du Guet ordinaire, sous l'authorité du Regent et des Princes du Sang. Le 3e que le commandement ne fut que sur le guet en exercice actuel auprès de la personne du Roy.

M. le Duc du Maine a dit que quand le Roy luy communiqua le dessein quil avoit de le charger de la personne du Dauphin quil luy representa que cette charge etoit au dessus de ses forces, mais que le Roy lui ayant marqué, quil le vouloit, sa volonté luy avoit servi de loy pendant sa vie, quil en seroit de même apres sa mort, et que rien ne pouroit l'engager a se departir de ce qui etoit dans le Testament. C'est pourquoy le Duc du Maine M. le comte de Thoulouze et les Princes de Dombes opinèrent toujours conformément au Testament. M. le Duc du Maine insista fort sur l'authorité sur la maison du Roy, et dit quil ne luy resteroit qu'un nom vain de tuteur, s'il n'avoit aucune authorité, quil aimoit mieux en etre

dechargé. M^r le Duc d'Orleans reprit sur le champ :
hé bien M^r on vous en decharge.

Il proposa de donner cette charge a M. le Duc
comme luy appartenant de droit; comme il se fit un
grand murmure de la Compagnie voyant bien que
d'accorder la Tutelle a M. le Duc c'etoit la donner a
M. d'Orleans, lequel ayant vu le murmure dit quon
recueillît les voix; elles furent pour M. le Duc du
Maine, et quoique les conclusions eussent eté pour
prendre du temps pour concilier les choses au sujet
de l'authorité sur la maison du Roy, il passa que M. le
Duc du Maine n'auroit ordre que sur le Guet a
cheval.

MM^rs les ducs et pairs ont eu, il y a deux ou trois
mois, un different avec les Presidents a mortier, sur
le pas, les ducs et pairs voulant être le premier corps
du Royaume; le Roy n'ayant point terminé le different qui fut vivement contesté alors, M^rs les ducs
dirent que sa Majesté n'ayant point vuidé leurs differens avec M^rs les présidens, n'ayant point eu encore d'occasion de protester contre leurs pretentions,
demandoient acte de leur protestation.

M. de Noyon se joua d'eux et les étourdit en leur
disant : vous nous reconnoissés donc pour juges. Ils
dirent tous non, non, le debat fut grand, M. le duc
d'Orleans leur dit quils leur donnassent leurs memoires, et quil tâcheroit de les accomoder, M. de
Noyon dit quil n'y avoit que le Roy qui les put ju-

ger. Comme la dispute s'echauffoit et que M^rs les gens du Roy, s'étoient retirés pour prendre conseil M. le Duc d'Orléans craignant que l'affaire ne se jugeat et qu'il ne se fit ennemy l'un des deux partis, fit signe en se levant a M. le Duc, et ils sortirent tous vers midy. Les gardes françoises et suisses etoient autour du Palais, il sortit au milieu des acclamations du peuple auquel il jeta de l'argent. L'apres midy ils revinrent tous a 4 h. M. le duc du Maine fit encore renaître la dispute sur l'authorité sur la maison du Roy, il ny gagna rien. M. le duc d'Orleans eut tout ce quil avoit demandé scavoir, outre ce que j'ay dit, que le Surintendant a l'Éducation du Roy ne le poura transporter d'un lieu en un autre que du consentement du Regent et du Parlement.

Le duc d'Orleans s'obligea de suivre la pluralité des voix du conseil, quil choisira dans les affaires de la guerre et des finances, et dit quil etoit ravi que le Parlement le mit dans la necessité de ne faire aucune faute dangereuse a l'Etat, en même temps il demanda d'être le seul maître des graces; et dit qu'il choisiroit pour le Conseil de Conscience deux Evêques et un magistrat qui veilleroient au droit du Royaume, et aux libertés de l'Eglize gallicanne qui a donné des marques de son amour pour les libertés; ce qui fait croire que c'est M. le Procureur general, quil seroit pourvu au choix du Confesseur par l'avis du Regent et du Parlement quand le Roy seroit en age.

Le Roy avoit marqué dans son testament le Pere Le Tellier pour Confesseur.

M. le Duc d'Orleans, pour prevenir les esprits promit de revoquer par un edit, les articles des Ordon‍nances de 1667 et 1673 qui arrêtoient le cours des remontrances et d'en faire expedier un Edit incessament.

Il a permis la continuation du Parlement et des autres cours jusqu'au dernier 7bre pour l'Enregistrement dudit Edit et des affaires publiques.

M. de Charolois a eu ce même jour scéance au Parlement pour la premiere fois, c'est le plus aimable Prince de France.

M. de la Rochefoucault y a eté aussy recu pour la première fois, Mme de Maintenon rend tous ses Equipages et se retire a Saint-Cyr, avec 3 domestiques. M. le Prince de Rohan fut avant hier demander ordre a M. d'Orleans qui le fit un peu attendre dans son antichambre, mais après il le reçut fort bien et luy dit quil n'avoit point d'autres ordres a luy donner sinon de luy demander son amitié; la maison de Bouillon passa devant celle de Rohan quand ils furent pour faire serment de fidelité, Je finis, etc.

*Relation de ce qui s'est passé au Parlement
lors de la Regence.*

La scéance a commencé a six heures et demye du matin.

Premiere proposition mise en delibération : de quelle manière on en useroit a l'égard des ducs qui ne voudroient pas se conformer a l'ancien usage et se decouvrir en opinant.

A eté arrêté qu'on ne compteroit point leurs voix.

Deux^e propositions : de quelle maniere on envoyeroit au devant de M. le duc d'Orleans.

A eté arrêté que M^rs le Pelletier et de Bailleuil les deux derniers Présidens a mortier, et Mrs Godard et Cadeau conseillers iroient à la Ste Chapelle lorsqu'on auroit avis de son arrivée, entendroient le reste de la messe derriere luy, et qu'ensuite les deux Presidents marcheroient a ses cotés jusque dans la grande chambre nonobstant les princes qui accompagneroient Monseigneur le duc d'Orleans.

Ensuite les gens du Roy ont eté mandés pour leur dire qu'aussitôt la sceance finie, ils eussent a partir pour aller scavoir du nouveau Roy le jour qu'il voudroit prendre pour venir recevoir les respects de son Parlement, et y tenir son lit de Justice, et en avertir aussitôt la Compagnie.

A 8 heures 3/4 on est venu avertir que Monseigneur le duc d'Orléans, entendoit la messe a la Ste Chapelle. Aussitot les deputés sont sortis pour aller le recevoir.

Dans le moment que Monseigneur le duc d'Orleans est entré dans le Parquet de la grande chambre, il a dit à M^rs les ducs de St Simon et de la Force quil les prioit de ne point renouveller aujourdhuy leurs prétentions et de les remettre a un autre temps quil sagissoit d'affaires plus importantes et dans lesquels le salut de l'Etat etoit interessé. Sur quoy M. le duc de St Simon luy a dit d'un ton de voix fort elevé, Monseigneur, vous nous rendréz justice au plutôt comme vous nous l'avez promis et s'adressant a M. l'Archevêque, duc de Rheims, M. le duc de St Simon luy a dit : M. Lisez tout haut la protestacion que nous avons faitte, ce que M. de Rheims a fait pendant le temps qu'on etoit allé au Parquet pour faire venir les gens du Roy.

Lorsqu'ils ont eté arrivés M. le duc d'Orleans a fait un très beau discours, dans lequel il a repeté a la compagnie les dernières parolles que le feu Roy luy avoit dites, apres avoir reçu le St Viatique, a marqué que la Regence luy appartenoit par le droit de sa naissance et par les loix du Royaume, quil apportoit au Parlement le Codicille du feu Roy qu'il luy avoit remis en main, que la compagnie etoit dépositaire de son testament, quil souhaitoit pouvoir se conformer a ses dernieres volontés mais quil avoit pour luy que la qualité de Regent luy appartenoit independamment de la volonté du feu Roy et de ses dernières dispositions, et qu'il demandoit quon y déliberast prealablement avant de prendre la communication du Testament.

Sur quoy M. Joly de Fleury portant la parolle a

dit que la juste douleur dont ils etoient penetrés par la grande perte que l'Etat venoit de faire, ne leur auroit permis de s'expliquer que par des larmes si le zele quils avoient pour le bien public ne les forcoit de surmonter leur affliction pour s'expliquer sur ce qui concerne le bien de l'Etat; que la naissance de M. le Duc d'Orleans l'appelloit à la Régence mais quil osoit en même temps avancer que ses eminentes qualités luy donnoient encore un droit incontestable a cette haute dignité; que l'Edit du mois d'Aoust 1714 faisoit la loy de la compagnie, quil la chargeoit en même temps du depôt inviolable du Testament du feu Roy, quil requeroit qu'on en fit l'ouverture pour être lu ensuite aussy bien que le Codicille, après quoy il seroit deliberé préalablement sur la qualité de Regent sans prejudice de l'exercice de la Regence et de la Tutelle, et de la garde du jeune Roy.

MM. les P. P. Procureur général et Dongois se sont transportés avec leurs clefs a l'endroit ou etoit le testament qu'ils ont apporté; l'enveloppe s'est trouvée fort gâtée et moisie, le corps du testament fort humide et entier signé Loüis sans être ecrit de la main du Roy. Pour la premiere des dispositions, il nomme M^r le duc d'Orleans chef du conseil de Regence avec les Princes l'orsqu'ils auront 24 ans accomplis, M. le Chancellier, le chef du Conseil royal des finances pour lors M. de Beauvilliers, les 4 Secretaires d'Etat, 4 Marechaux de France scavoir Mrs de Villeroy, d'Uxelles, d'Harcourt, de Tallard et M. Desmarets.

Dans ce conseil tout se passera a la pluralité des voix et en cas d'egalité celle de M^r le Duc d'Orleans prevaudra. Le conseil nommera a toutes les charges de la maison du Roy, de la guerre, de judicature et de finance, nommera aussy aux benefices dont la feuille sera presentée par le P. Confesseur, et en ce cas le chef du Conseil y appellera deux Archevêques ou Evêques de ceux qui se trouveront a Paris.

M. le M^{al} de Villeroy, est gouverneur du Prince; M. le duc du Maine a la garde de sa personne avec le commandement sur toutes les troupes de la maison du Roy. Il recommande quon conserve le rang de Prince à Mrs du Maine et de Thoulouze sans y donner atteinte, que l'on ait un soin particulier de la maison des Invalides, et de St Cyr et surtout de suivre exactement ce qui a eté fait jusqua present pour la paix de l'Eglize et de faire executer l'Edit des duels.

En cas de deceds de M. de Villeroy il nomme monsieur d'Harcourt en sa place, et en cas des deux deceds le gouverneur sera choisy par le conseil de Regence, Mme de Ventadour gouvernante du Roy jusqua 7 ans, lequel entrera au conseil a 10 ans sans neanmoins qu'il puisse y deliberer ou donner son avis jusqua ce qu'il soit majeur.

Par le Codicille il ordonne quaussitôt après son deceds le marechal de Villeroy ait le commandement de toutes les troupes de la maison du Roy et leur donne les ordres necessaires pour amener le jeune Roy au parlement, que l'ouverture du testament se fasse en sa présence, et qu'ensuite on le mene à Vincennes, ou il restera jusqua ce que le conseil de Regence en ait disposé autrement.

Apres la signature du Codicille il y a deux lignes ajoutées par lesquelles il nomme M. Fleury ancien Evêque de Fréjus precepteur du Dauphin et le P. le Tellier confesseur. Signé du 25 Août deux fois assés mal ecrit.

Ensuite M. le duc d'Orleans a pris la parolle et a dit que malgré le respect qu'il devoit avoir des dernieres volontés du Roy, il etoit néanmoins obligé de representer a la Compagnie que ses droits etoient blessés par plusieurs dispositions du Testament, qu'il s'attendoit suivant les dernieres parolles du feu Roy a y trouver de plus grandes marques de sa confiance, qu'il le privoit de la Generalité du Régent, qu'il pretendoit, et dont il n'avoit intention de faire usage que pour le bien du Royaume, le repos des peuples et l'avantage de la compagnie et qu'ensuite il proposeroit ses difficultés sur l'execution du Testament.

Surquoi M. l'Avocat g^{nal} a conclu a ce que la Generalité de Regent luy soit donnée, ce qui luy a été deferé tout d'une voix avec de grands éloges.

Ensuite il a proposé trois difficultés sur l'etablissement de nouveaux conseils quil propose en suivant les projets de feu Monseigneur le dauphin mort.

Il demande quil soit établi des conseils séparés subordonnés au Conseil de Regence, scavoir un pour la guerre, un pour les finances, un pour les matieres de Religion.

La 2ᵉ difficulté que M. le Duc qui a 23 ans accomplis ait entrée au conseil, et soit entré Chef du Conseil de Regence sous l'authorité du Regent.

La 3ᵉ que le Regent ait le commandement de toutes les troupes a l'exclusion du duc du Maine qui aura seulement le commandement du guet pour la garde du Roy.

M. le Duc a dit qu'a son egard etant Grand Maître de la maison du Roy, tous ses droits etoient detruits par le Testament et qu'il pretendoit les conserver et entrer dans le Conseil avec la qualité de Chef du Conseil.

M. le Duc du Maine a dit qu'il sacrifieroit toujours ses interests pour le bien de l'Etat et pour le repos du Royaume, que prevoyant le trouble qui pourroit arriver il avoit pris la liberté de le representer au feu Roy dans les derniers jours de sa maladie, mais qu'il avoit repondu qu'il vouloit etre obei, qu'au surplus il suplioit la compagnie de vouloir faire un reglement sur les differentes pretentions des princes et luy conserver ses droits en ne luy laissant pas seulement une vaine apparence d'une fonction aussy importante que celle de la garde du jeune Roy, si on ne luy donnoit aussy le moyen de s'en acquiter avec tout le zele que demande l'importance de cet employ.

M. Joly de Fleury a dit, que les propositions et demandes de M^rs les Princes leur paroissoient d'une extreme importance, quil etoit necessaire de leur donner quelque temps pour deliberer, et quils prendroient des conclusions apres avoir examiné le Testament, le Codicille et les propositions de M^rs les Princes.

Une heure après les gens du Roy sont rentrès et ont pris des conclusions pour l'entree de M. le Duc dans le conseil de Regence, en qualité de Chef du Conseil et au surplus ont demandé la communication du projet de M. le duc d'Orleans, et que la sceance fut remise aprés midy.

Surquoy par acclamation tous d'une commune voix ont nommé M. le Duc Chef du Conseil de Regence et M. le duc d'Orleans a dit, qu'il reviendroit a 3 heures et demye apres midy.

La sceance a commencé a 4 heures. Mgr le duc d'Orleans étant arrivé a demandé les gens du Roy et a dit quil ne s'etoit pas suffisament expliqué le matin sur les propositions qu'il avoit a faire a la Compagnie, quil vouloit bien luy declarer que quoiqu'il fut au dessous de la dignité d'être soumis a la pluralité des voix dans le conseil de Regence, cependant reconnoissant le besoin qu'il avoit des lumieres des autres pour le gouvernement du Royaume, il se laisseroit toujours conduire avec plaisir a la pluralité des voix sur l'administration des affaires, mais que la nomination aux charges, aux emplois et aux Bénéfices luy appartenoit à luy seul, que content de faire des graces, il etoit trop heureux d'être dans l'impossibilité de faire du mal, qu'il pretendoit ajouter ou diminuer au Conseil de Régence selon quil jugeroit a propos et etablir plusieurs conseils particuliers pour la guerre, les finances et la marine dont il auroit le choix des sujets, et surtout pour la nomination aux benefices qui seroit composé de deux Archevêques, ou Evéques, et d'un magistrat choisy du Parlement, toujours attentif a conserver les droits de l'Eglize de France;

Quil auroit encore une proposition a faire sur ce qui concerne le Commandement des troupes de la maison du Roy qui ne pouvoit etre divisée, que cétoit une occasion de trouble et de guerres civilles, qu'il etoit neanmoins bien persuadé que celuy a qui il etoit deferé par le Testament concoureroit toujours avec luy au bien de l'Etat, mais que comme les officiers de la maison du Roy ne pouvoient recevoir d'ordres que du Roy seul, c'etoit a la qualité de Regent qu'il representoit, qu'il pretendoit avoir seul le droit de les commander à l'exclusion de tout autre, ce qu'il demandoit;

Quil falloit encore faire droit sur les pretentions

de M. le Duc qui en qualité de Grand Maitre de la Maison du Roy devoit avoir la nomination de toutes les charges independamment de M. le Duc du Maine.

Surquoy les gens du Roy ont representé que, selon les anciennes loix du Royaume, le pouvoir de conferer les charges et emplois etoit accordé au Regent, que M. le duc d'Orleans ne vouloit en faire usage que pour le bien du Royaume, qu'il donnoit même des marques de distinction a la compagnie en admettant un des officiers du Parlement au conseil pour la nomination aux benefices, que le commandement des troupes pouvoit etre divisé, qu'il auroit eté a souhaitter quon eut pu trouver quelque temperament en laissant le commandement particulier de la garde de chaque jour a M. le duc du Maine, mais que, comme le regent avoit allegué que cela etoit contre l'ordre militaire ils croyoient plus a propos de luy laisser le commandement entier des troupes, qu'il falloit avoir egard au choix que le Roy avoit fait du duc du Maine pour la garde et tutelle du jeune Roy, qu'après avoir fait une exacte recherche dans notre histoire ils avoient trouvé plusieurs exemples de ce qui s'est fait par le Testament, et que l'education et la garde du Prince avoient eté separées de l'administration des affaires et du gouvernement du Royaume, quil etoit juste de conserver les droits de M. le Duc independamment de M. le duc du Maine.

Surquoy M. le Duc du Maine a dit qu'on ne luy vouloit laisser qu'un vain titre et le charger de la garde du Roy sans luy donner le pouvoir de s'en acquiter qu'il demandoit a en etre dechargé, et, puisqu'on ne luy laissoit aucun commandement, il se contentoit de la qualité de Surintendant de l'education du Roy.

M. le duc d'Orleans a dit, qu'il demandoit acte de la declaration de M. le duc du Maine, quil se chargeoit avec plaisir de la garde du Roy, que son intention etoit de ne le point quitter et que c'etoit a ce sujet qu'on le faisoit venir a Vincennes pour etre plus a portée de Paris et pour ne pas l'exposer au mauvais air de Paris qui etoit dangereux en cette saison en cette ville.

M. Joly de Fleury a dit quil demandoit du temps a la Cour pour deliberer sur la declaration que M. le duc du Maine venoit de faire et qu'au surplus il prioit la Cour de deliberer sur les autres propositions ce qui a eté accepté tout d'une voix.

M. le duc du Maine a dit, qu'il etoit fort innutil de prendre du temps pour deliberer puisquil reiteroit sa declaration, et quand on est venu aux opinions a luy demander son avis sur les autres propositions, a dit qu'il ne pouvoit acquiescer aux conclusions des gens du Roy, puisquelles etoient directement contraires aux volontés du feu Roy dont on changeoit toutes les dispositions.

Ensuite toutes les dispositions ont passé car elles avoient eté toutes fort claires.

Apres quoy le different pour la pretention des ducs s'est renouvellé avec beaucoup de chaleur et de vivacité.

M. le duc de St Simon a dit qu'il demandait acte de la protestation faitte le matin par M. le duc de Reims.

M. le duc d'Orleans a dit, qu'il leur avoit promis qu'il seroit neutre dans cette affaire et quil conserveroit les droits de M^{rs} les ducs sans donner atteinte au Parlement.

M. le Duc de Villars a demandé a M. le Duc d'Orleans la permission de parler et a dit qu'ayant repeté au feu Roy quil etoit indecent a M^{rs} les Ducs et Pairs d'attendre que M. le P^r. President leur demandant leur avis, et d'etre obligés de se decouvrir aussitôt quil leur addressoit la parolle dans le temps que luy restoit toujours couvert, d'autant plus que cette cour etoit anciennement appellée la cour des pairs et qu'ainsy il leur falloit rendre les honneurs qui leur etoient dus, que le feu Roy avoit eu la bonté de luy temoigner quil etoit surpris de cet usage si peu convenable a leur dignité.

M. le Premier President a repondu qu'il avoit eu l'honneur d'en parler plusieurs fois au Roy, qui avoit toujours paru surpris de la nouveauté de l'entreprise de M^{rs}. les ducs. M. le Doyen a dit ensuite que puisqu'il y avoit 200 ans qu'on vivoit de même, il ne falloit rien changer aux anciens usages.

M. le duc de St Simon a persisté a demander acte de la protestation et quelle fut inserée dans les Registres du Parlement.

M. le President de Novion luy addressant la parolle a dit : a qui demandéz vous acte de votre protestation? Il a repondu que c'étoit a la Cour. M. de Novion a dit : Vous nous reconnoissez donc pour vos juges. M. le duc de St Simon a dit que cetoit a M. le duc d'Orleans. M. le Président de Novion, en parlant à Monsieur le duc d'Orleans, luy a dit : nous vous rendrons toujours le respect que nous vous devons, mais vous vouléz bien me permettre de vous dire que vous ne pouvéz pas etre juge de ce different et qu'il n'y a que le Roy seul qui puisse de son autho rité changer cet ancien usage.

M. le duc de St Simon a dit que M. le Regent pouvoit faire tout ce qui etoit au pouvoir du Roy puisquil le representoit.

M. de Novion a repondu que cela etoit vray a l'exception de certaines choses qui etoient au dessus de son pouvoir comme celle-la, de quoy il rapporteroit la preuve lorsquil seroit necessaire.

M. le duc d'Orleans a dit, que le temps n'etoit pas propice pour agitter toutes ces questions, qu'il tacheroit de les consillier et qu'il ne feroit rien qu'en prenant l'avis de M. de Novion, en qui il avoit vu un asséz grand fond de justice pour la rendre a luy même et a ses confreres, comme il faisoit aux autres avec tant d'exactitude et de probité.

Monseigneur le duc d'Orleans s'est levé et on a crié : Vive le Regent, vive le Roy.

Discours de Monseigneur le Duc d'Orleans
fait au Parlement le lundy 2 7ᵇʳᵉ 1715.

M. Après tous les malheurs qui ont accablé la France et la perte que nous venons de faire d'un grand Roy, notre unique esperance est en celuy que Dieu nous a donné; c'est a luy Mʳˢ que nous devons presentement nos hommages, et une fidelle obeissance; c'est moy comme le premier de ses sujets qui doit donner l'exemple de cette fidelité inviolable pour sa personne, d'un attachement encore plus particulier que les autres, aux interets de son Etat. Les sentimens du feu Roy ont attiré sans doutte ces discours pleins de bonté quil ma tenus dans les derniers moments de sa vie et dont je crois vous devoir rendre compte. Après avoir recu le Sᵗ Viatique, il m'appella et me dit : mon neveu jay fait un testament ou je vous ay conservé tous les droits que vous donnent votre naissance. Je vous recommande le Dauphin, servéz-le aussy fidellement que vous m'avez servi et travailléz a luy conserver son Royaume. S'il vient a manquer, vous serez le maitre et la cou-

ronne vous appartient. A ces parolles il en ajouta
d'autres qui me sont trop avantageuses pour les pouvoir repeter, il finit en me disant : J'ay fait les dispositions que jay cru les plus sages, mais on ne
sçauroit tout prevoir : s'il y a quelque chose qui ne
soit pas bien on le changera, ce sont la ses propres
termes.

Je suis persuadé que suivant les loix du Royaume
et suivant les exemples de ce qui s'est fait en pareilles
conjonctures et la destination même du feu Roy, la
regence m'appartient, mais je ne seray pas satisfait, si
a tous ces titres qui se reunissent en ma faveur vous
ne joignéz vos suffrages, votre approbation, dont je
ne seray pas moins flatté que de la Regence même. Je
vous demande donc que, lorsque vous auréz lu le testament que le feu Roy a deposé entre vos mains, et le
Codicille que je vous apporte, de ne point confondre
mes differents titres, et de deliberer egallement sur
l'un et sur l'autre, c'est a dire sur le droit que ma
naissance me donne, et sur celuy que le testament
poura ajouter. Je suis persuadé même que vous ju-
geréz a propos de commencer a deliberer sur le premier, mais, a quelque titre que jaye droit d'espérer
la Regence, j'ose vous assurer M., que je la meriteray
par mon zele pour le service du Roy et par mon amour
pour le bien public, surtout etant aidé par vos conseils,
et vos sages remontrances ; je vous les demande par
avance en protestant dans cette auguste assemblée

que je n'auray d'autre dessein que de soulager les peuples et de retablir le bon ordre dans les finances, de retrancher les depenses superflues, d'entretenir la paix au dedans, et au dehors du Royaume, de retablir surtout l'union et la tranquilité de l'Eglize et travailler en fin avec toute l'application qui me sera possible a tout ce qui peut rendre un Etat heureux. Ce que je demande a présent M^{rs} est que les gens du Roy donnent leurs conclusions, sur la proposition que je viens de faire de deliberer aussitôt que le testament aura eté lu sur les titres que jay pour parvenir à la Regence en commençant par le premier, c'est a dire par celuy que je tire de ma naissance et des loix du Royaume.

FIN.

TABLE DES MATIÈRES

		Pages.
ESTAMPE DE COCHIN LE FILS		I
INTRODUCTION		I
PRÉFACE		I
Journal historique ou recit fidel de ce qui s'est passé de plus considérable pendant la maladie et la mort de Louis XIV, roi de France et de Navarre		5
Procès-verbal de l'ouverture du corps de Louis XIV		77
Testament du feu roy		85
Premier codicille du 13 avril 1715		91
Second codicille du 23 avril 1715		94
Édit du roy pour le dépôt de son testament		95
Harangue de M. le cardinal de Rohan		102
Cérémonies du lit de justice tenu par Louis XV		105
Portrait de Louis XIV		124
Harangue de M. Sort, avocat au grand Conseil		134
Pièces relatives à la Régence		135
Relation de ce qui s'est passé au Parlement lors de la Régence		141
Discours de Monseigneur le duc d'Orléans		154

A. Quantin imprimeur
r. S. Benoit, 7. à Paris